観光をわかりやすく考察する

闘牛文化で紐解く
無関心層を関心層に変えるプロセス

篠﨑 宏［著］

共同文化社

はじめに

筆者はこれまでに400件以上の地域プロジェクトにアドバイザーとして関わってきた。地域関係者からは「この地域には素晴らしい資源があるが、情報発信が足りないので観光客が来ていない。きちんと情報発信をすれば観光客は来るはずである。」「この地域には歴史的価値がある資源があるが、観光客が右肩下がりである。ターゲットを歴史愛好家に絞りプロモーションをするべきである。」「地域の関係者が集まって議論した結果、全員が良いと思う資源を売り出したい。」という声をよく聞いてきた。観光戦略という観点ではもっともらしく聞こえるが、このようなやり方では地域資源の観光コンテンツ化の成功確率は決して高いものではない。情報発信を強化すれば観光客が増えるのではなく、無関心層を関心層に変化させるような情報発信が必要である。過去にない高齢化社会を迎えている日本では、顧客も高齢化が進んでおり、既に興味関心を持ったコア層だけのターゲティングだけでは顧客が徐々に減少することは一目瞭然である。全員が良いと思う地域資源は、最大公約数の原理により尖りが少なく無関心層を関心層に変えるまで至らないことがほとんどである。

自動車産業では新型車の開発に数百億円のコストおよび3～4年の開発期間をかけている。一方観光産業では、ひとつの地域資源を観光商品化するのに開発費0円、開発期間も会議の1時間というのがざらである。開発費と時間がかかっていないので売れなくても平気であることが多い。本書では、約3年の期間をかけて伝統文化である闘牛文化を観光コンテンツ化した事例をもとに、無関心層を関心層に変えるプロセスを説明している。

第1章では、闘牛アナウンサー・伊波大志氏との対談を通じて、伝統文化である闘牛文化の持続性の高まりの秘訣について述べている。

第2章では、2014年度より沖縄県うるま市で3年間実施した闘牛文化リマスタープロジェクトをもとに、無関心層を関心層へ変えるプロセスについて具体的な取り組みを説明している。

第3章では、筆者が株式会社不動産経済研究所の「不動産経済®Focus & Research」に寄稿した観光への提言を掲載している。

本書が全国各地で観光による伝統文化や伝統産業、地域産業の振興に取り組んでいる方々の参考になることを願っている。

２０２４年８月

帝京大学経済学部観光経営学科　教授
リ・マスター合同会社　ＣＥＯ
篠　崎　　宏

目次

第2章　無関心層を関心層に変えるプロセス

第3章　観光への提言～２０１９―２０２４年「不動産経済®Focus & Research」
（株式会社不動産経済研究所）への寄稿文より～

第1章

闘牛文化を語る

――伊波大志氏との対談

篠﨑　宏

帝京大学経済学部観光経営学科教授
リ・マスター合同会社　CEO

専門分野

地域活性化　戦略・ビジネスモデル構築　産業政策
地域戦略、地域エコシステム、地域ビジネスモデル構築、マーケティング調査、食・農業に関するモデル構築、長期滞在・移住ビジネスに関するモデル構築なども多く手がけている。これまで400件以上の地域プロジェクトにアドバイスを行っている。

経歴

1990年JTBに入社。海外旅行支店、北海道営業本部を経て、JTB本社事業創造本部地域ビジネス事業部チーフプロデューサーに就任。地域活性化の戦略構築、観光客誘致戦略、新規ビジネスモデル構築などを専門に行う。

2007年4月〜2021年3月、JTB総合研究所にて調査研究コンサルティングに従事。

2021年4月1日より帝京大学経済学部教授、リ・マスター合同会社CEOに就任。

北海道大学経済学部卒。

□　□　□

伊波　大志氏

闘牛実況アナウンサー

出身地　沖縄県うるま市石川（旧石川市）
沖縄県立石川高校卒業後、福岡スクールオブミュージック専門学校に進学、専門学校卒業と同時に琉球放送RBCiラジオのレポーターオーディションに合格。特徴である低音ボイスを活かしテレビ、ラジオのナレーション、格闘技のリングアナウンサー、琉球ゴールデンキングス戦実況（バスケットLIVE）イベント司会などで活躍中。沖縄で唯一の闘牛アナウンサーもつとめ闘牛を全国にPRしようと各メディアでの広報活動を行っている。2013年にはローカルヒーロー闘牛戦士ワイドーをプロデュースし県内各地のイベントで活動中。沖縄県闘牛組合連合会事務局長、ワイドーaiプロ取締役も兼ねている。

闘牛アナウンサーという仕事

篠﨑　最近の伊波さんは、かなり幅広く動かれていますね。

伊波　そうですね。闘牛をやりつつ、スポーツ実況も引き受けております。沖縄は、特にBリーグのバスケットボールが盛んで4年前に声かけしていただき、琉球ゴールデンキングスのホーム戦のバスケットボールのライブで、映像の配信をしながらときには実況をしています。それ以外は、コロナ前ですと格闘技イベントのリングアナを引き受けており、県外からも呼ばれるようになりました。ブレイキングダウンやそれから派生したようなイベントが、全国に結構あります。格闘技を仕切れるタイプのアナウンサーの需要があるようで、東京や九州などからも声をかけてもらうことがあります。

篠﨑　県外でも実況をやることがあるのですか。

伊波　はい。先日は九州の熊本に行っていました。

篠﨑　凄いですね。

伊波　格闘技のアナウンサーは、少ないのかもしれません。

篠﨑　格闘技では独特の言いまわしがありますよね。

伊波　そうです。例えば「残り時間1分、残り時間1分」や「セコンドアウト」など、あの独特のちょっと間が空いた時の埋め方は、格闘技をある程度見てないとわかりません。他にも試合が中断した際に「ローブローがありましたので試合を一時中断します」「ここで一旦ドクターチェックが入ります」「試合を再開します」など。そのあたりの間を埋められるアナウンサーはあまりいないようですね。

篠崎　時折フェイスブックで拝見していましたが、そこまで色々な仕事をされているのですね。

伊波　格闘技は元々好きだったので楽しいです。リングアナは最前列にいるので、面白いです。素人がやっている地下格闘技系で大変なのは、「アナウンサーに言えば何とかなるだろう」と思っているらしく、全部僕のところに話が来ます。真剣に試合を見ながらマイクを持っているのに、突然肩を叩かれて「すみません次の試合の選手に激励賞を送りたいのですが……」など（笑）。ごめんなさい今試合中なのでちょっと待ってくださいと言うのですが、本当に多いです（笑）。

篠崎　ブレイキングダウンのリングアナもされたのですか？

伊波　ブレイキングダウンの九州版のようなものは経験があります。

篠崎　ブレイキングダウンも今凄い人気ですよね。昔は地上波一本だったので、煽りの揉めているところなど見せられない場面がいっぱいあります。地上波の場合はスポンサーが認めないものは流せない。これがYouTubeになると、動画で煽っていき、最後ペイ・パー・ビューに移行するようになって、格闘技ファンにとっては中途半端な地上波よりも深みが出て、魅力的になりましたよね。

伊波　全国的にあまり知られていない格闘技イベントよりも、このヤンキーが集まるイベントの方が集客力はあります。１人の選手に対して応援団が5名から10名くらい付いてきますから、試合数を組めば組むほど集客につながるというメリットがあります。

篠﨑　仲間を連れてくるのですね。

伊波　はい。それと試合が非常に長いですよ。この間も31試合のリングアナを１人でさばきました。31試合もですよ（笑）。

篠﨑　それはきついですね（笑）。

伊波　その通りです（笑）。闘牛の大会が10試合終わった後に、格闘技が30試合続いたときは大変でした。

篠﨑　この前は、最初の前振りのところで格闘技を参考にされていましたよね？

伊波　全島闘牛大会のタイトルマッチの前ですね。あえて口上を言うのは昔のプロレスでケロちゃんがやった「時は来た」のような、あれの真似です。

篠﨑　実は私も大学の講義であの動画を流しました。闘牛が伝統文化でありながら衰退しない理由は、やはり他の分野の良い部分をちゃんと取り入れる柔軟性がある点にあると思います。日本全国の他の伝統文化では、外の要素を排除して、自分たちの流儀で通そうとするので、やはり時代の波に溺れてしまうという話をしました。学生も凄く参考になったと思います。

伊波　僕も格闘技が好きですし、リングアナもやっているので、メインマッチはあのような口上をやろうということで考えています。しかも今では大型ビジョンもあるので、それと連携して今言っている口上はこんなこと言っているということを示して、そこで「さあこれより1番号を決めようではないか。～号の入場です」と言ったり、牛の入場時に音楽をバーンと流したりしています。

篠﨑　本当は闘牛も格闘技みたいなものですよ。

伊波　僕はもうエンタメにしないと新しいファンが来ないと思っています。実況をやり始めて変わったと言われるのは、やはり盛り上がりです。僕が実況をするようになり、今までよりも盛り上がりが出てきて、新規の観客が増えました。また、僕の場合は実況だけでなく解説も盛り込んでいます。も

ちろん状況描写も入れつつ、今この牛がどんな状況で闘っているのかというところを伝えます。例えばこのような感じです。「今地味に見えますが、この右角を見てください。右の角をかけています。そうすることで相手の動きを完全に封じています。右が外れて今度左に変えました。左右に揺さぶることで相手のディフェンスの的をしぼらせない。良い戦いですね」というような解説も入れています。

篠﨑　そういうことはやはり相当数の試合を見ないと言えないと思います。普通のアナウンサーだと難しいですよ。

伊波　データを持っていますので、「ちなみに～号のこれまでの最長タイムは10分。今15分経過しました。さあここからスタミナがひとつの課題となってきますがどうなって来るのでしょうか」とちょっと解説も入れつつ、観客が「そうなのか！　では、このあとの展開はどうなるのだろう」と期待できるような言い回しを心がけています。普段から格闘技もずっと好きで見ていましたし、漫画も好きですので、こういった表現方法を取っています。多分それは、僕が実況するようになってからだと思います。元々の闘牛用語を使いながら、「角の長さは～号の方がリーチがありますので」とボクシングっぽい言い回しをしたり、「リーチの分離れると～号の方が有利ですね」「今ちょっとジャブのような試合が続いています」とか、「～号横を向きました。もたせこみ。これはボクシングのクリンチのような状況です」という風に。

篠﨑　伊波さんが実況する前というのは、場内はどうなっていたのですか？

伊波　僕みたいに20代30代からアナウンサーをやっている方はいましたよ。地域の年配の方たちは元々喋りを専門にしている人ではなく、牛に詳しい方です。ですので、エンタメというような感じではないのです。時間経過を伝えたり「さあ続いては～号」などと言ったりして、どちらかというとテンポを大事にしていたのかもしれない。

うるま市の闘牛文化

篠﨑　私が最初に闘牛場に来たときから何が変化したかというと、女性や子供などライトなファン層が結構増えてきたように思います。

伊波　はい、多くなってきましたね。

篠﨑　闘牛場に来て、これは面白いと気が付き始めていますね。以前は本当にコアなファンばかりでした。

伊波　本当に以前はコアなファンばかりで、会場内禁煙ですと伝えているのに、客席で吸い殻を捨てたりする方もいましたね。ですが、あの方たちも女性客や子供が増えるとルールを守るようになりました。

篠﨑　少しずつ闘牛場も綺麗になっていますよね。ビジョンもでき、トイレも綺麗になりました。バスケットや格闘技の話がありましたが、最近うるま市のPRもされていますね？

伊波　市長が中村正人市長に変わり、色々なイベントもやるようになり、各地域を盛り上げるという補助金もありますよ。『うるま元気応援プロジェクト』といって、各団体に企画を出してもらって、その中から優れた企画には補助金を出しています。その結果、今では毎日・毎週のようにうるま市のイベントがあるのですよ。

篠﨑　それは良いことです。

伊波　僕は、この３ヶ月間毎週土日にどこかで司会をしています。僕らの『みほそあきない組合』もそうですし、各地域の通り会もさらに息を吹き返して、今盛り上がってきています。

篠﨑　凄いですね。

伊波　それはその補助金のおかげです。今までは「お金ないけどどうしよう…」だったの

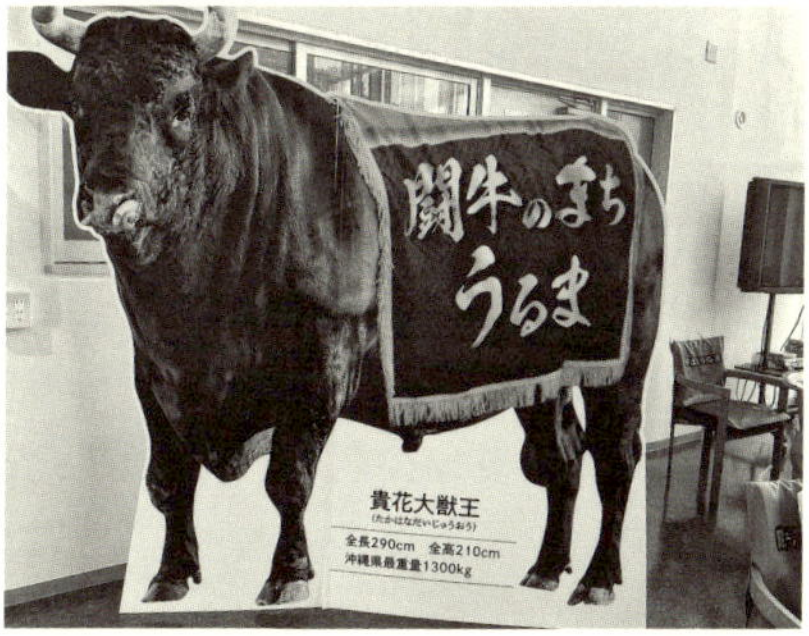

が、「こんなに予算があるのであれば、もっと若者を集めて頑張ろうよ」と会員が増え始め、全体が明るくなりました。そのうちに補助金が無くても、「今度自分たちでこんなと仕掛けてみようか」とアイディアが出てくるようになりました。

うるま市の地域PRのため、ツーリズムEXPOには毎年行かせてもらっています。そこで闘牛をPRしています。今回は特別賞をもらいました。280くらいブースがあって、一般の人が投票して選んでくれる旅好きが選ぶブースグランプリです。1位が韓国、2位が台湾でした。

篠﨑　1位と2位は外国でしたね。日本だけで言えばうるま市が第1位です。

伊波　そして沖縄でなく、うるま市として特別賞に選ばれたことは意味が大きいです。

篠﨑　今まで沖縄のどこの自治体が出展したとしても、『海が綺麗』などそのようなことだったのが、うるま市の場合は、文化ですよね。闘牛文化。きっとそれが来場者に響いたのだと思います。

伊波　そうですね。ブースでもモニターを使って闘牛の実況をしたり、一般の方にヤグイ体験で「ヒーアイヒーアイ」と掛け声をかけてもらったりして、80デシベルを超えたらタオルをプレゼントするなどのイベントを行いました。開催地が大阪だったこともあり、皆さん参加してくれました。

篠﨑　大阪はノリが良いですからね。

伊波　なかには１人で来ている女性もいましたよ。

篠﨑　そういう体験をされた方が、今度沖縄に旅行に行った際にちょっと闘牛場に行ってみようとなる。

伊波　闘牛はやはり反応が良いです。「沖縄にこういうのがあるんですね～」と、今まで知らなかったという方が多いです。闘牛のＰＲがまだまだ足りていなかったと思います。アピールをうるま市外にしていなかったことが、もったいなかったと今では思います。

篠﨑　うるま市を知っている人が全国的に増えてきていますよね。合併市町村なので、以前は石川とかそういう単位だったのが、ようやく「うるま市」という名前が響き出した。

伊波　そうですね。県内でも色々なところで「うるま市最近凄いですね」と言われます。浦添のラーメン屋のオーナーにも言われました。ＳＮＳでイベントを見かけるし、新聞でも見かけるし、地域が明るくなってきています。皆が頑張っています。

篠﨑　そうですか、ずいぶん変わってきましたね。

ローカルヒーロー誕生

篠﨑　闘牛戦士ワイドーは、2まで終わりましたが、これは続編がいずれ出てきそうな感じですか。

伊波　続編を求められるのですが、ドラマはまだ考えていません。ただ、ヒーローショーは定期的にやっています。うるま市ではヒーローショーを開催すると、戦隊モノの中で闘牛戦士ワイドーが抜群の人気で、うるま市の子供たちはワイドーを見て、「ヒーアイヒーアイ」という闘牛の掛け声を覚えます。

篠﨑　それは凄いですね。

伊波　先日もうるま市のお祭りに出ましたが、子供たちの熱量に驚きました。メインステージでは大人がまるで警備員のようになって、子供たちがステージに上がらないように押さえているくらいの盛り上がりでした。

篠﨑　その中から親に闘牛場へ連れていってもらう子供が増えるわけですね。私が住んでいるのは東京の八王子ですが、八王子に子供たちを熱狂させるようなヒーローがいるかというとやはりいませんからね。東京にはそういうヒーローはいません。東京どころか他の地域にもなかなかいないと思いますよ。

伊波　沖縄はローカルヒーローが多いですね。何人かいて、トップスリーにも入っているそうです。ローカルヒーローをビジネスとして成功させたのは、まず沖縄の琉陣マブヤー。マブヤーがローカルヒーローとしての初めての大成功でした。まさか大成功するとは思っていなかったのですが、爆発しました。全盛期のマブヤーは、子供からおじいおばあまでが皆知っている。本当にただのかっこ良いヒーローではなく方言を使っているので親しみやすかった。大人が見ても面白い。

篠﨑　全国のご当地キャラはふなっしーなど色々ありますが、闘牛戦士ワイドーは位置づけが少し違うと思います。憧れの存在というのでしょうか。子供にとってそういうところがありますよね。

伊波　ワイドーがきっかけとなって闘牛場に来るファミリー層は増えたと思います。ですから、闘牛戦士ワイドー3も本当にチャンスがあれば作りたい。予算・スポンサーがしっかり集まればですが。

篠﨑　闘牛戦士ワイドー2までできたというのも凄いことですよ。地上波ですから、スポンサー費用もかかります。今のワイドーはいわば2代目ではないですか。初代ワイドーは伊波さんがつくったウルトラマン太郎のような頭の横に角が入ったものでしたね。

伊波　最初は衣装も作って、自分で着たり、自分の妻に着させて保育園を周ったりしました。しかも最初は誰もそのヒーローを知らないので、自分で保育園に電話をかけていましたよ。「実は闘牛のヒーローを作ったので、保育園の中でちょっとお披露目をさせてもらえたら……」と。そしたら「良いですよ~伊波さんなら」と言われました。

篠﨑　私が以前うるま市に来ていた頃は初代ワイドーでした。初代ワイドーだけど、テレビ放映ではありませんでした。その後2代目のワイドーが出てきて、今や沖縄を代表する戦隊ものになっていますね。

伊波　正月に、沖縄のショッピングセンターで闘牛戦士ワイドーのイベントを実施しましたが、やはり集客力があります。

篠﨑　初代ワイドーを作ろうと思ったのは、どうしてですか?

伊波　初代ワイドーを作ったのはかなり前ですよね。12年前位かな。

篠﨑　やはり子どもを意識したからですか?

伊波　そうです。新規の観客を増やすために子供たちに興味を持ってもらおうと思って、闘牛戦士ワイドーを作りました。

篠﨑　初代ワイドーがなかったら闘牛戦士ワイドーというテレビ番組もなかった訳ですよね。

伊波　ないですね。

篠﨑　すぐにはテレビ放映まではいきませんから。

伊波　初代ワイドーを作ってすぐにテレビメディアに取り上げられたのが、成功の要因ですね。沖縄県内の人気バラエティー番組に呼ばれて、そこでいじってもらったことが大きかったです。

篠﨑　だから「初代ワイドーは中に誰が入っているんだ？」と「伊波さんもいるし奥さんもいるし誰が入っているのだろう？」となった。

伊波　あそこから始まって今のヒーローまでつながります。

篠﨑　もう初代ワイドーが出ることは、ないのですか？

伊波　一応案はありました。活かしたいけれど、衣装がとにかくボロボロなのですよ。それで衣装を復活させるためにオリジナルＴシャツを作って、その売上で新しい衣装を作ろうか、という案がありました。

篠﨑　前に話があった闘牛博物館が実際にできたときには、あの衣装は飾らないとダメですよね。やはり裾野が広がった原点は初代ワイドーではないですか？

伊波　そうですね。

篠﨑　初代ワイドーがなかったら、テレビもなかったですし、こんなに広がることもなかったかもしれないですよ。

伊波　振り返ってみると色々なことをやってきました。

闘牛の文化史

篠﨑　話題は変わりますが、日本で闘牛が始まったのは、いつ頃からなのでしょうか。一説には明治時代ということですが……。

伊波　地域によって始まりの時期は違うようですが、沖縄の昔の文献にもはっきりした記載はないようです。ただ、明治中期から後期にかけての新聞には「闘牛」という文字があり、そこには、収穫を終えた後の喜びを祝うために牛を闘わせて、娯楽として楽しんでいたということが記載されています。いつから始まったかはわからないのですが、人々の「農村の娯楽」として定着し始めたのは、明治の中期から後期くらいです。

篠﨑　その頃の記録に少しずつ出てきていると……。

伊波　農村の娯楽として収穫を終えたあとの喜びを祝うひとつの楽しみとしてやっていた。他の資料では、「旧暦の行事ごとに闘牛をやっていた」という記録もあります。闘牛の牛も元々は農耕用の牛なので、今でいうトラクターや耕運機のようなものですから、大事に扱っていたのだと思います。闘牛の場面で深追いさせるようなことをしたら致命傷になりかねないので、そうならないように気をつけながらやっていたと思います。その後、娯楽から発展していって、農耕用ではなく闘牛専用の牛として飼うようになりました。１９６０年代のゆかり号は元々材木を運ぶための手段として使っていたようです。

篠﨑　元々は闘牛用に育てたわけではないということですか。

伊波　幼い時から運搬用の牛として使用していたので、肩の筋肉が鍛えられていたという話があります。

篠﨑　それは面白いですね。その頃までは闘牛用の牛でありながら、試合がない時には農業で使うということがやはりあったのですか。今は農業で使ってはいませんね。

伊波　今は使ってはいないです。その後１９６１年に沖縄県闘牛組合連合会が発足します。今まで地域ごとに行っていた闘牛でしたが組織をひとつ作ったことによってまとまりができて、そこから第1回の全島闘牛大会が生まれました。本当のナンバー1は誰なのかと。

篠﨑　格闘技の世界に似ていますね。ＷＢＡとかＷＢＣのように。

伊波　１９６１年に連合会ができて、翌１９６２年に第1回の全島大会をやり、その後ゆかり号が登場して闘牛の盛り上がりがさらに加速していきました。

篠﨑　あの頃は闘牛アワーをはじめ、沢山のテレビ放送がありましたよね。

伊波　80年代くらいまでの娯楽がなかった時代には闘牛が人気で、大きい大会だと2、

3万人くらい入ったと言われています。

篠﨑　2万人から3万人というと今の10倍近いですね。

伊波　最前列などは、前日から場所取りをしたと言います。

篠﨑　昔の写真を見ると、全員立って見ているのかと思うくらい闘牛場に人が詰まっています。

伊波　トイレにも行けないので、瓶で用を足していたと言っていました。その頃が第1次ブームで、80年代から90年代が第2次ブームとも言われています。名護市にゆかり牧場というドーム型の闘牛場もできました。

篠﨑　今はもうゆかり牧場はないのですか？

伊波　もうゆかり牧場はないです。ゆかり牧場は個人で造ったドーム型闘牛場なのです。当時の2代ゆかり号のオーナーが造りました。会社も経営していて相当なお金があったのでしょうね。その方がゆかり牧場という大きなドーム型の闘牛場を建てて、そこでビッグマッチが開催されていたそうです。１９９2年に本土復帰20周年大会で沖縄の最強チャンピオン2代目ゆかり号と徳之島チャンピオンの前鉄筋1号を対戦させて、3日間試合を開催しているのですよ。本土復帰20周年記念で金土日と1日10試合を連続3日間行いました。

篠﨑　10試合ずつ3日間、合計30試合ですか？

伊波　そうです。最終日の日本一決定戦の時には、会場に5、０００人くらいの観客が来て、会場に入れないからという理由で1、０００人以上は帰されたそうです。

篠﨑　その時代のことは、知らなかったです。

伊波　あの当時の大会は全て凄かったです。ゆかり牧場までの道が大渋滞しました。インターチェンジを降りてからゆかり牧場までずっと渋滞だったと言っていました。それが１９９２年頃です。１９７２年に本土復帰した後、70年代から80年代にかけて闘牛の流れがひとつ変わりました。岩手産の牛が大活躍します。パスポートも要らなくなり、県外との取引がやりやすくなったこともあって、岩手産の牛が導入されるようになりました。岩手の短角種南部牛という種類の牛は体が大きいです。当時70年代後半から80年代にかけて、チャンピオンはほぼ岩手産の牛でした。

篠﨑　今も岩手産の牛は多いですか。

伊波　多いです。闘将ハヤテも元々岩手産です。ただし、岩手で仕上がっている牛を持ってくるのではなく、子牛を持ってきます。

篠崎　ということは、向こうに行って子牛を見て強くなりそうな牛を買うということですか？

伊波　実際には、仲介人のような人がいて、一気に20頭ほど沖縄に持ってきて売りさばくのです。

篠崎　その目利きが持ってきた20頭ほどの牛の中からオーナーが選ぶのですね。

伊波　そうです。

篠崎　その目利きの人がいい加減なことをすると、徳之島に負けてしまう。

伊波　仲介人はセンスが良くてツテもあります。沖縄では今でも岩手の牛が重量級で活躍しています。

篠崎　強くなるかどうかわからない小さな頃から一生懸命育てるわけですよね。デビューは3歳頃ですか？

伊波　大体4歳から5歳頃です。

篠崎　手塩にかけて育てて試合に出したら期待通りではなかったということもあると聞きました。

伊波　もちろんそれもあります。

篠崎　その時のショックは大きいでしょう？

伊波　８歳でようやくデビューさせたら、あれ？　こんなものか？という牛もいます。あとは練習だけはとても強いけれど、試合では弱いという場合もたまにあります。だから牛主が自信を持って「自分の牛よりも少し強いあの牛にも勝てる」と思っていても、意外と本番に力が出ないといったケースもありますね。

篠﨑　まあ本番は観客もいますから。

伊波　牛も雰囲気が変わったことがわかります。

篠﨑　道場ではとても強いけど、本番だと負けてしまう人が格闘技でもいます。

伊波　芸人でも楽屋では面白いのに、いざカメラが回ったら全然しゃべらなくなるとか……。

篠﨑　ところで、１９９２年でピークが来て、そのあとはどんな感じだったのですか？

伊波　大きく闘牛が衰退したという話は一度も聞いたことがなくて、試合のときに観客がいなかったという話も聞いたことがありません。新日本プロレスも低迷していた時期があって、総合格闘技やＫ１に負けていた時代がありますよね。闘牛が低迷したとは聞いたことがないくらい常に人気はあります。

篠﨑　その一方で沖縄の観光客が増えることによって各地域での再開発が増えたために、闘牛場の数が減ってきたということはありますか？

伊波　闘牛場の数は減りましたが、全島闘牛大会では観客動員数が3、000人を下回ることはないです。ただ牛を飼育する人が減ったことによって各地域の闘牛場は少なくなりました。以前は、宜野湾にも知念村にもありましたし、あちこちに闘牛場がありました。それがなくなっていったために、頭数が減っている。そして飼育者も減ってきています。闘牛のもったいない点は、観客の期待や人気は上がっているのに、それに対して闘牛の頭数が足りていないということです。

篠﨑　牛主は朝起きたら牛舎に行って、餌をやって、それから仕事に行くような毎日で、そのため休みが思うようには取れないでしょう。よほど好きでないと闘牛の飼育はできないと思います。

伊波　昔は個人で飼っている人が多かったです。だから牛の名前をみても大体個人名でした。今は大体何々会や何々グループというのが増えました。今はひとりで飼育するのは負担が大きいので、グループで飼うことが多くなりました。

篠﨑　それもある意味時代に合わせた変化ですね。ひとりで飼育するとやはり大変だと思います。

伊波　グループでやることによって若い人が出やすいのかもしれません。最初はちょっと憧れで手伝っていたものがひとりで世話をできるようになり、散歩させられるようになる。小学生だった手伝いの子があっという間に中学生、高校生になる。

篠﨑　伊波さんの牛舎にも近所の小さい子がいましたが、あの子も今では大人ではないですか。

伊波　今では自分で牛を飼っていて、今度の大会は彼が主催します。

篠﨑　ちょうど私が行った時は中学生で、牛の髪を切っていたので「何をしているの？」と聞いたら、牛も少し髪が伸びたりするそうで（笑）。牛好きな子どもは、大人になっても何らかの関わり合いを持つようになりますか？

伊波　今では自分で牛を購入して牛舎も自分で建てています。今度2月に大会がありますが、ほとんど彼が対戦カードを組んでいます。

篠﨑　そうですか。最初会ったとき、私は伊波さんの親族かと思って聞いたら、近所の子で、小さい頃から来ているのだと聞いて驚きました。

伊波　他にも相撲をやっている子がいて、その子は僕らの牛舎に初めて来たのがたぶん小学校3年生頃の時ですけれど、現在中部農林高校の2年生で、相撲も全国優勝して、今は牛の世話もやっています。

篠﨑　全国の相撲チャンピオンが牛の世話をやっているわけですか。それは凄いです。

伊波　やはり若い子がいる牛舎は強いです。トレーニングの運動量が違うので。

篠崎　トレーニングに付き合わないといけないですよね。

伊波　歳を取ってくると膝と腰を悪くして人間の方が牛についていけなくなります。若い人がいると運動させるので、その分牛も強くなっていきます。スポーツ選手と一緒でいかに普段から運動するか、どのくらい練習試合をすることができるかが重要です。最近の傾向として、チャンピオンになる牛は、牛舎に若い人が多い。

篠崎　やはり、練習のプログラムは、きちんと組まれているものなのですか。それとも体調に合わせるのですか。

伊波　体調に合わせます。僕も強い牛舎やチャンピオンクラスを見ると、普段から練習している闘牛が多いです。そもそもの練習量が違うわけです。

篠崎　やはり素質だけでなく練習量で結果が出るものですね。

伊波　絶対出ます。新力 Baby などは子供の時から結構練習をやっていました。

篠崎　あの体格で重量級を取るとなると、努力しないと無理ですよ。

伊波　徳之島に行った闘勢琥珀の練習を見ましたけれど、こんなに練習しているの〜?と聞いたら、今はもうベストキッドくらいやっていると答えていました。

篠崎　牛によっては、練習が嫌だという牛もいるのではないですか。

伊波　その場合は練習を楽しくさせるために、砂浜に連れて行くなど工夫はします。

篠﨑　たまに海に入っている写真がありますが、あれは気晴らしで、それこそプロ野球選手がグアムキャンプに行くような話に近いですか。

伊波　スパルタというよりは、牛にとってもちゃんと快適な形で、牛も楽しみながらできるようなトレーニングをしっかり考えている面はあります。

篠﨑　嫌なことばかりやらせていたら、言うことを聞かなくなりますか。

伊波　本当に疲れたという時は、牛を砂浜に連れて行っても歩きません。そのままそこに座り込んで、もう動きたくないという牛もいます。

篠﨑　牛が動きたくないって本気で思ったら、人間の力ではどうにもならないでしょうね。

世界の闘牛

篠﨑　海外の闘牛と日本の闘牛とは、かなり違いがあると思うのですが、違う点はどのあたりでしょうか。

伊波　YouTube で探してすぐ出てくるのは、韓国です。ロシアにも闘牛はありました。スペインにもあります。ヨーロッパ諸国では闘牛を色々な地域でやっていて、フランスでも田舎の方でやっています。それから、東南アジアは牛の種類は違いますが、田舎に行くと闘牛があります。世界的に有名なのはなんといってもスペインです。韓国は牛同士の戦いです。かなり大きなドーム競技場があって、しかも合法的なギャンブルなのですよ。馬券ならぬ牛券を買って賭けをします。競技場も結構立派で、現地の人たちに聞くと韓国の闘牛文化は清道（チョンド）という田舎の発祥らしいです。

篠﨑　世界的に見ると、スペインのような人間と牛の闘いと、日本の闘牛のような牛同士の闘いのどちらが多いのでしょうか。

伊波　最も有名なのはスペインですが、世界的に見ると、やはり牛と牛の競技の方が多いようです。

篠﨑　スペインの闘牛は、試合に出たら必ず牛の命がなくなるというやり方で、我々からするとちょっとわかりにくいです。牛を育てて、気を荒くさせて、初めての試合で命が終わりというスタイルは、同じ闘牛と言っても全然違うように思います。

伊波　彼らにも守ってきた伝統があると思うので、話は聞いてみたいです。多分、僕らが考えているような残酷なものではないと思うのです。向こうにも我々の知らない、始まりや伝統があって、見ている側からすると痛そうに思いますけど、あれだけ長い歴史があって、しかも観客をあれだけ集めて、魅了している。闘牛士は大スターらしいです。スペインの国技ですから。

篠崎　たまにタイミングを間違えて、牛にやられてしまう人もいますよ。

伊波　国技になるということは、サッカーくらいの位置づけということになります。

篠崎　以前は、スペインに行ったら必ず見ていました。

伊波　スペインは闘牛のイメージが強かったです。

篠崎　皆さん闘牛というと、まずスペインが頭に浮かびます。その次に牛同士の闘牛もあるのだという感じですね。

伊波　牛が赤に突進してくるというイメージを作ったのもスペインです。昨日も、観光闘牛に来ている赤いワンピースを着た人に「これで入って大丈夫ですか？」と聞かれました。「大丈夫ですよ。牛は色を識別できませんから。」と答えました。

篠崎　スペインの闘牛は、揺らしたものに突っかかるようにトレーニングしています。色はわからないはずですから。

伊波　訓練場があるのだったら見学してみたいです。そもそもなぜあのようなことをしたら突進するのか、なぜ入ってきた瞬間に興奮しているのか、聞いてみたいです。

篠崎　沖縄の闘牛もライオンの吠え声のようで凄いなと、初めて入場するのを見た時に思いました。やはり戦うというの

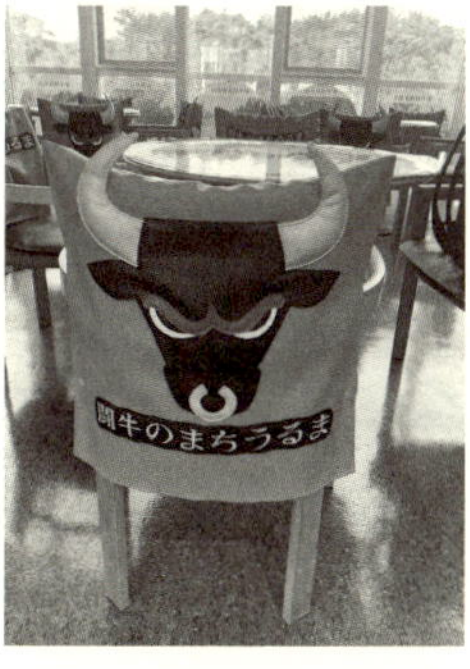

がわかっているのだなと。普通のホルスタインの牛だと「モー」と鳴くと思いますが、闘牛の牛は全然違っていました。

伊波　最近、YouTubeでタイの闘牛を見ました。あちらはお金を賭けてやっていました。

篠﨑　ムエタイもそうですが、タイはギャンブル文化ですから。

伊波　韓国はネットでしか見ていませんが、博物館も立派です。

篠﨑　土台があるのですね。

伊波　はい。見学にいきたいと思っています。

篠﨑　韓国に闘牛というイメージはないですが。やはり農業、農村の文化というところで共通しているのでしょうか。

伊波　20年前から30年前くらいに徳之島から韓国に闘牛を連れていって、国別対抗戦をやったという例もありますよ。

篠﨑　どっちが勝ちましたか?

伊波　勝敗は覚えていません。

篠﨑　結構、良い試合をしたでしょうね。これで全敗でもしたら恥ずかしい。格闘技の世界でも、対抗戦で良い勝負すると思われていたのが簡単に敗北するというケースがあります。徳之島が韓国で良い試合をしたということは、実力は釣り合っているということでしょうか。そういうのができたら面白いです。

伊波　面白いと思います。今韓国で開催するとなると、口蹄疫の問題でなかなか厳しいですが、僕も世界の闘牛は見てみたいです。おそらくそこにも闘牛専用の実況アナウンサーがいるはずなので。盛り上がり、熱狂を見てみたいです。

闘牛にかける思い

篠﨑　闘牛関係者が闘牛にかける思いには、凄いものがあります。

伊波　本当に凄いなと思うのが、毎日餌集めをやっていることです。草刈りなどは毎日軽トラック1～2台分をやっています。

篠﨑　もう、趣味というレベルではないですよ。

伊波　しかも自分の仕事をしながら草刈りをして、糞の掃除をして、牛のトレーニングをしています。冬の寒さも夏の暑さも関係なしにです。台風が来た時にも牛舎には行かないといけないし、台風が来るとわかっていたら、直前に大量の草刈りをしておいて、牛に餌をあげに行かないといけません。

篠﨑　犬を飼うようなこととは比べものにならないくらい労力がかかるではないですか。

特に青草を刈って与えるということは、何か意味があるのでしょうか。

伊波　やはり新鮮な草の方が牛は喜びます。干し草は農協から買って、バランスを取っています。干し草も牛は好きなのですが、干し草ばかりあげていると栄養のバランスが変わってくるので。

篠﨑　皆さん自分で草を刈りに行っていると聞きました。

伊波　はい、そうです。

篠﨑　草刈りの草場は縄張りのようなものがあるのですか？

伊波　自分で土地を持っていて、そこで闘牛専用の草を植えている人も多いです。

篠﨑　変な場所で刈ると、農薬を撒いた直後などにあたってしまいますよね。

伊波　それはもちろん絶対良くないです。自分で牧草地を持っていたり、知り合いのところにお願いして、草を刈らせてもらったりします。冬はサトウキビの収穫シーズンなので、農家にお願いしてサトウキビの葉の部分を刈らせてもらっていたりします。

篠﨑　この時期だけではなくて、毎日食べさせるために、刈る必要があるのは相当な労力だと思います。

伊波　自分たちが体を壊すわけにいかないし、チャンピオンレベルになってくると旅行などにはほぼ行けないと思います。

篠﨑　そうですよね。１週間家を空けることなど絶対に不可能だと思います。

伊波　誰か信頼できる人に預けるか、グループで飼っている場合には行けますが、家族で飼っている人は家族旅行などには行けません。

篠﨑　このあたりを走っている軽トラックは、よく荷台に草を積んでいますね。

伊波　草刈りにこだわる人は、うるま市からわざわざ今帰仁まで行ったり、南城市佐敷まで行ったりします。

篠﨑　他とは違ってそこの草が良いということですか。

伊波　そうです。チャンピオンの闘勢琥珀の牛主は、そうしていました。

篠﨑　なるほど。食べ物にもこだわるのですね。

伊波　たまに夜8時か9時くらいになってから行ったりします。今から今帰仁まで草刈りに行ってくる、という感じです。

篠﨑　伊波さんの闘牛にかける思いというのは、尽きないほど色々な話が出てきますが、闘牛の関係者同士が酒を飲んだりした時の話というのは、やはり闘牛の話が中心ですか？

伊波　大体そうです。僕らも闘牛仲間で月１回飲み会をするのですが、５時間くらいずっと牛の話ですよ。ネタはいっぱいあります。今度の大会ではどっちが勝つと思うとか。あの牛は、徳之島での練習で１回逃げているよとか、あの牛はまだ3歳だけど相当強いよとか。それぞれが情報を持っているので。次の対戦の話、前回の大会を振り返っての話など、話題はもう尽きることなくあります。

篠﨑　でもある意味ではライバルでもあるわけでしょう？　ライバル同士でも、そこは共通して仲が良いという感じですか。

伊波　中にはやはり仲が悪い人もいますよ。組合とか派閥によっては全く合わない。

篠﨑　そういう時には対戦カードはどうするのですか？

伊波　実際には仲が悪い人同士で対戦カードが組まれたりもします。

篠﨑　組まれたらもの凄い意地の張り合いなのではないですか。

伊波　意地の張り合いになります。お互いピリピリしているな、ということはあります。でも、闘牛関係者は牛を何十年も飼い続けてきて、毎日牛の会話をしてもネタはつきないし、楽しいのだといいます。

篠﨑　もう、闘牛は趣味なんてものではないですよ。人生そのものですね。

伊波　本当にそうだと思います。私の父親も20代から牛を飼い始めて、今、66歳なので40年近く牛を飼っていますが、その間牛が途切れたことはないです。１年間、全く牛がいなかったということはありません。

篠﨑　そうすると、次のタイトルマッチまで毎日試合のことを考えているのではないでしょうか？

伊波　そうですね。今は1月なので、次の試合は5月です。だから3月に1回、前哨戦のようにランク下の牛と簡単な練習をやらせて、さらに自信をつけさせた方が良いのかとか。ただ、その前哨戦で失敗する可能性もありますから（笑）。そのパターンは怖いです。

篠﨑　かといって練習試合を開けすぎてもダメでしょう。

伊波　はい。その判断は難しいです。

篠﨑　そういうのも、やはり関係者同士で話すのでしょうか。それは、やはり凄いと思います。それから経営の苦労話となると、休めないこと以外にも資金的な問題などもありますか。

伊波　牛が食べる餌代、光熱費、牛舎の公共料金などがあります。夏場は扇風機をずっと回していますから大変です。そのため試合に牛を出してファイトマネーが貰えたとしても、黒字になることは絶対にありません。

篠﨑　そうすると、持ち出しながら闘牛を続けているということですか。

伊波　解決方法のひとつは、グループを組んで牛を飼うことですね。ですから、闘牛だけやるということは出来ません。普段の仕事も頑張っておかないといけません。

篠﨑　今、牛舎は沖縄県内に大体いくつくらいあるのでしょうか。

伊波　牛舎だけで数えたことはありませんが、牛の頭数から考えると牛舎の数は50くらいだと思います。

篠﨑　牛舎は外から見ただけではわかりません。酪農の牧場だと、牧草地があって牛舎の中に牛が沢山いますが、闘牛の牛舎は普通の小屋で中に牛が1頭だけいるというパターンがありますものね。外観では全然わかりません。

伊波　最近、本部が良いやり方をしていて、闘牛場の横に闘牛団地というのを町営で造りました。5部屋くらいあって、闘牛関係者に安い家賃で貸します。そうすると、自分の牛舎がなかった人でも牛を飼えるという利点がありま す。かなり安い家賃で貸しています。

篠﨑　賃貸で経営する方式ですね。うるま市では牛舎は皆さん手作りですか?

伊波　手作りもあります。周囲には建築関係の方もいるので。自分たちで建てたという人もいます。

篠﨑　牛舎には必ずキッチンがあって宴会ができるようになっていますよね。あれは、標準装備ですか。

伊波　そうです。牛の世話をしながら、自分たちもそこでご飯を作って、お酒を飲みながら世話をするので、どの牛舎もキッチンと冷蔵庫はありますよ。牛舎によっては、泡盛を飲むための製氷機まで備えてありますからね。

篠﨑　大会に勝てば祝勝会ですね。負ければやはり皆さん落ち込みますか？

伊波　負けても残念会というのがあります。でも、最近の傾向としては、もちろん落ち込むけれども、また次回頑張ろうという感じです。

篠﨑　私も何回か参加しましたけれど、独特の雰囲気で面白かったです。

伊波　勝っているときはもちろんドンチャン騒ぎで、皆太鼓やラッパも鳴らしながら、誰かが携帯で撮影した今日の試合をテレビ画面で何回も見るという……。

篠﨑　伊波さんの牛舎だったかどうか覚えていないのですが、日曜日の試合が終わった後の祝勝会か何かの時に、テレビで相撲中継をやっていました。そこでも皆さん相撲に熱中していて。本当に勝負事が好きなのですね。

伊波　うちの親父たちの世代は、相撲が好きです。

篠﨑　祝勝会で相撲が始まったら、皆さん相撲の方に集中してしまって。

伊波　あの人たちは相撲が好きです。しかし、全部の牛舎がそうだというわけではないですよ、やはりあの世代。僕の親父の世代は、相撲が好きです。

篠﨑　勝った負けたが、やはり好きなのだと思います。牛舎というのは、色々な人が集まるような、集会所と言えば語弊があるかもしれませんが、それに近いようなイメージです。気安く来られる場所というイメージです。

伊波　平日でも誰かが泡盛を持って来たりしています。

篠﨑　お酒をたくさん置いてありますものね。

伊波　居酒屋に行かなくてもすぐ飲みの場になります。そういった楽しみもあるから、闘牛を続けているのだと思います。

篠﨑　あのような牛舎の存在は、本州ではあまり見ないですよね。集会場みたいなものはあって、集まりの時は来るけど普段は鍵が掛かっている。うるま市では気易く集まりますよね。凄いですね。

ところで、みほそあきない組合の話も聞かせてください。

伊波　石川のお通り会があったのですが、闘牛文化リマスタープロジェクトをきっかけに、名前をみほそあきない組合に変えました。昔は通り会のメンバーだったのが、みほそあきない組合になってからは、石川地域の飲食業など色々な人たちをもっと巻き込んで活性化させようということで。それをきっかけに、若い人も入ってきて、イベント事が多くなった感じはあります。

篠崎　きっかけは闘牛が盛り上がってきて、それに連動して商店街も盛り上げようということがあったのでしょうか。

伊波　みほそあきない組合のメンバーは、元々地域を盛り上げようという思いが強い人たちです。みほそあきない組合のメンバーで闘牛を見に来る人たちは、意外と少ないですよ（笑）。

篠崎　そうですか（笑）。

伊波　みほそあきない組合には、闘牛に詳しい人は僕以外に１人もいません。本当に好きな人が１人２人くらいいるかもしれません。元々それぞれがやはり地域愛がすごく強くて、月1回の清掃もやります。みほそあきない組合になって様々な業種の人達が入ってきて、そしてアイディアも出て、動ける人が出てきます。祭りをやろうと誰かが言い出す。どうやって予算を集めるか。各組合からそれぞれ呼び掛けをしたら、協賛金も集まって来る。この5月にも石川祭りというのを2日間、みほそあきない組合主催でやりました。今度は祭りをにぎやかにしないかと、コロナ禍も収束したので、子どもたちや地元の人が参加できる祭りを復活させようと。しかし、市から予算が出るわけでもない。それなら自分たちでやろうとなって、２日間やりました。皆で動いて５００万円くらい集まったかな。

篠崎　５００万円も自分たちで集めたというのは凄いですね。

伊波　花火まで上げました。こういう場面での結束力は、うるま市の中でも石川は強いと思います。よく周りから石川は行動力と団結力が素晴らしいと言われます。

篠崎　みほそあきない組合には、石川の商店主の方々がほとんど加入していますか？

伊波　はい、加入されています。

篠崎　私が立ち寄った石川のお店では、店内に闘牛の写真などが飾られていました。商店経営者の皆さんもかなり闘牛好きな方が多いですよね。「俺は闘牛があまり好きではないから」と言いながら、結構闘牛の話をしてくれます。みほそあきない組合の方々も闘牛ファンが多いのでしょう？

伊波　最近は、闘牛だけでなく地域全体を盛り上げようと頑張っている感じです。

篠崎　地元には面白い人がたくさんいますね。

闘牛文化と観光

篠崎　闘牛文化リマスタープロジェクト以降、観光との接点がかなり増えてきたと思いますが、ツーリズムＥＸＰＯでは日本の市町村出店者の中でもうるま市が１番ということで、かなりの人が沖縄県のブースにいらっしゃっていました。やはり沖縄のブースに出ていることもあって、色々な方から「闘牛のブースが出たね」と私も言われるようになりました。ツーリズムEXPOには何年くらいで出ていますか。もう3、4回くらい出ているのでしょうか。

伊波　10年近く出ています。

篠﨑　私が行っていた時は、まだそんなに観光と接点が強くなくて、沖縄観光コンベンションビューローとまず接点を作りましたよね。沖縄観光コンベンションビューローもコンテンツが海などの限られたものしかなかったので、こういうのを入れたら良いですねという話になりました。うるま市の闘牛も今ではレギュラーメンバーですよね。

伊波　そうですね。だんだん、予算もつけてもらえて、大きくブースが広がっています。

篠﨑　前回も大きかったですね。

伊波　以前までひと小間だったのが、今ではふた小間借りられるようになりました。闘牛の装飾系のアイテムも増えているので、会場に飾り付けたりもしています。市もそういったところに予算が出せるようになっています。全体の予算が上がったことも大きいと思います。

篠﨑　それで、ＰＲしやすくなったということですね。観光闘牛には昨日も２００人くらい来たということですが、どれくらいの頻度で開催されていますか。

伊波　定期開催で12月から1月までやってみようということで始めたのですが、次年度は4月から年間で売っていきたいという話をもらっています。例えば毎月第1土曜日に実施という風に、定期開催にまでもっていきたいという話をしています。

篠﨑　石川ドームの予定表を見ると、ときどき観光闘牛の予定も入っていました。

伊波　あとは修学旅行・団体への貸し切りです。貸し切りは、県外だけでなく県内からの希望も多くなってきており、県内でも意外と喜ばれています。那覇など南部の方へ行くと、闘牛を見たことがない方も多くいます。修学旅行で同席している学校の先生や校長先生、それからバスの運転手や添乗員さんも、「初めて来ました」と言って、皆闘牛を見たら興奮しています。どちらかというと生徒よりも先生の方が質問は多かったです。

篠﨑　琉球新報や沖縄タイムズには、大きな大会や全島大会の前日などに牛の紹介がたくさん出ますが、あれも凄いですよね。

伊波　1ページの広告を出しています。全島大会の広告はあれらくいしかやっていません。全島大会をたった数日前の広告に掲載しただけで、3、000人が入るというちょっと恐ろしいイベントになっています。普通のアーティストが、観客を入れようと思ったら、何か月も前から、ポスターを作ってコマーシャルを行いますが、闘牛の場合は、広告しなくても良いのです。

篠﨑　そこが凄いと思います。そうすると、観光闘牛はレギュラーでどんどんやっていこうということですか。

伊波　今後やっていこうという流れです。観光闘牛も割と高評で、今までの闘牛は日曜日のみの開催なので、沖縄に訪れる観光客にとってはスケジュールを合わせにくかったのです。ちょうど日曜日は帰る日なので。僕らは、公式試合を見てもらうのが一番だと思っているので、観光闘牛はあくまで入り口として考えています。これをやると、地元の小学校の修学旅行に選んでもらいやすいし、地元の子供たちに見てもらうのも大事かなと思っています。時々、闘牛はわずか2試合のみにして、ヒーローショーを入れて、音楽ライブをやって、闘牛を見てもらうきっかけのイベントをやったり、去年も無料イベントを開催したりしていて、その時は2、５００人くらい入りました。

篠﨑　無料とはいえそれだけ集客するのは大変ですよね。闘牛を好きな人や興味ある方は沢山いるということですか。

伊波　うるま市の予算でイベントを開催すると、市長含め皆喜んでいたので、やはり闘牛は凄いコンテンツだと思いました。

篠﨑　あと修学旅行だと、２００人規模で来ると思いますが、本州の子供たちは闘牛を見たことがある人はまずいないと思いますから、きっと喜ばれるでしょう。

伊波　闘牛の良いところは、沖縄の伝統も学べるし、迫力もあるし、ドームなので天候は関係ないです。それ以外にも沢山メリットがあって、アクセスが良いこと。恩納村からも10分圏内ですし、インターチェンジ近くにあり、午前中闘牛の観戦をして、そのあと首里城へ行くことも美ら海水族館へ行くこともできるため、次のプランを立てやすいのです。そういう点で、旅行会社にも気に入ってもらっています。

篠﨑　２００～３００人が雨天中止だとリスクが大きすぎるので、雨天ＯＫなのは強いです。

伊波　そうです。それができるのが闘牛です。

篠﨑　修学旅行の数も増えていますか。

伊波　年々増えています。

篠﨑　２００人以上の規模の修学旅行はリスクがあるので、どこかの学校が観光闘牛をコースに入れるとそれを参考にしながら、別の学校が増えていくと聞きました。

伊波　まさにそんな感じです。口コミで広がって、問い合わせが増えて、闘牛専用窓口を作らないと大変になるかもしれないとおっしゃっていました。今は大型のビジョンもあるので、あのビジョンを活用して、最初のレクチャーの時間を飽きさせないようにしています。そして牛主にとっても、やってよかったとならなければいけないので、練習試合だろうが彼らが満足できる費用は保証させています。僕のＭＣ料を下げたり、他の金額もある程度までは下げても、牛のファイトマネーだけは下げないよと伝えています。彼らにも気持ちよくやって頂かないといけないので。

篠﨑　以前にはなかったことですね。

伊波　動ける人がなかなかいなくて。あとは数が増えていくと僕以外に担う方がいないのが現状ですから、そこが課題だと思っています。

篠﨑　伊波さんは沖縄県闘牛組合連合会の事務局長もされていますよね。

伊波　そうです。色々なことに関わっているので、闘牛以外のイベントも増えていて、ちょっとまずいなと自分では思っています。

篠﨑　伊波さんのスケジュールを押さえるのが難しくなってくると、そろそろ弟子も必要になって来るのではないですか。以前お話した地域おこし協力隊の活用とか。闘牛は本当に勉強になると思いますよ。どこの地域も伝統文化がもの凄い勢いで下り坂です。それなのにどうして闘牛はうまくいっているのか。普通に考えたら闘牛は真っ先に無くなる文化だと思います。闘牛場は少なくなっているし、維持することが難しい牛という生き物を扱っていますから。人口減少に最も影響を受けそうなものですが、闘牛は全然衰えを知らない。相当勉強になると思いますよ。

伊波　お正月も3日間開催しています。1月1日、2日、3日にドームで開催した大会には、2日は1、800人位、3日は2、000人を超えていたので、正月なのにこんなにも観客が入っていました。

篠﨑　新日本プロレスでいう1・4ですね。これがないと正月あけた気がしないようなイベントですね。

伊波　闘牛は1日・2日・3日です。闘牛にはまだまだ可能性があります。スポンサーをひとつ付けようとするとたくさん付けられる。だから牛主の意識を変えなければいけないなと思っています。闘牛は牛を飼っている人たちが主催者なので、皆さん自分の牛を闘わせるために大会当日本部席に主催者が誰もいなくなるのです。

闘牛文化の持続可能性

篠﨑　伊波さんが沖縄県闘牛組合連合会の事務局長になられて、ある意味改革しやすい状況だと思います。そこで最後のテーマでもあります「持続可能性」について考えてみたいと思います。今までは自分の生き方そのもので持続してきたと思いますし、あとは「変化」によって持続してきたところもありますでしょう。今後、「仕組み」としてどうなのか。個人経営から共同経営に変化していますが、自分で働いたお金を持ち出したりしているところもありますし、持続性の高め方はまだまだ工夫できるように思います。ただ、全国各地の伝統文化がもの凄い勢いで消えていっているところをみると、沖縄県の闘牛は相当凄いです。

伊波　全国闘牛サミットで岩手・新潟・島根・隠岐の島・宇和島・鹿児島県徳之島と闘牛関係者が集まって、後継者の育成や継続というところが議題に上がるのですが、沖縄の闘牛の場合、意外にその心配がないです。宇和島では、「伝統を守っていくために色々考えているのですが、沖縄はどのようにされていますか」と聞かれたので、「沖縄の闘牛関係者で伝統を守ろうと思っている人はひとりもいないですよ」と伝えました。関係者で今後次世代に残していこうと思っている人はまずいなくて、好きでやっている。楽しいからやっている。そこだけです。あの人たちは明日から闘牛やるなと言ってもやりますから。

篠﨑　本当にそこだと思います。伝統文化をいかにして守るかということではなく、本来伝統文化は楽しいからずっと維持できていたのであって、苦しくて維持できるものではないです。ただ、今はそれどころではなくなっているので、「守る」というところにばかりフォーカスしていて、結果それが守ることから遠ざけているように思います。やはり原点に帰ってみると「楽しみ」を維持するのが非常に大事だという気がします。闘牛戦士ワイドーで次世代の子供たちにも「夢」と「楽しみ」を与えています。

伊波　皆さん活き活きやっている。嫌々やっている人はいない。当たり前にやっているのが沖縄闘牛の強みなので。関係者から牛の飼育が大変だから、うるま市から1頭あたりいくらか補助金は出ないのかというような意見は聞いたことがありません。他の地域は伝統を守るために牛1頭購入すると町が半分負担するとか、数万円は村が負担するなどということを新潟とか隠岐の島ではやっています。そうやって頭数を増やそうと。

篠﨑　そういう風にやってしまうと、純粋な自己責任による楽しみとはちょっと外れてきます。やむを得ない状況もあるのかもしれませんが。

伊波　最も大きな違いは他の地域は年間を通しての試合回数も少ない。5月、8月、1月といった決まった月にしかやらない。沖縄の場合は毎月やっている。この違いも大きいです。コンスタントにやっているのでファンも離れていかない。牛主たちもまた次も出すといったスパンが早いので。

篠﨑　年に2回くらいだと、日常の中で忘れてしまいますよ。適度な間隔で試合ができるから、トレーニングもやらなくてはいけない。年に2回くらいだとトレーニングも身が入らないでしょうから。

伊波　その点も大きいですね。大会の数を増やしたほうが良い。あとは普段のローカル大会に観客を呼ぶ方法、全島大会は放っておいても観客が入るので、それ以外のローカル大会の観客を増やしていけば、ファイトマネーも増える。そうすると牛を飼おうという意気込みが変わってきます。ひとつ活性化すると、もう1頭牛を飼うかと、頭数が増える。若い人がついてくる。今後の展望としてはローカル大会での集客力アップを実施していきたいと思います。

篠﨑　博物館はどうですか？　これからは、保存しないといけないものが増えてくると思いますが。

伊波　お年寄りの牛主が亡くなられたときに、大事な資料を捨てる遺族も出てくる可能性がありますから。

篠﨑　そのあたりに最も気を付けないといけない。亡くなられたお年寄りには価値があっても、ご遺族が価値を感じるとは限らない。相談にいって、資料を持ち込める場所がないといけない。「あの貴重なトロフィーを捨ててしまった」というようなことがないようにしないといけない。市の文化遺産になったので、市の担当者をつけてもらい、普通の文化遺産扱いしてもらったほうが良いかもしれないで

す。

伊波 この場所は博物館として相応しいですけれど、使い方が決まっていません。闘牛場の隣だし、博物館にするのが最も良いです。

篠﨑 博物館にするために、色々なことをしています。

伊波 これは凄いです。闘牛そのものですね。ここだと試合をやっていない時でも、施設内を楽しめます。あとは、首都圏で闘牛をやっていただけたらと思います。首都圏の方々はびっくりすると思います。以前丸の内で闘牛のイベントをやったと思いますが、非常に評判がよかった。これが好きだという人が好きなことを語るというのは最も反響が大きい。東京のイベントは食べ物系が多い。食べ物系のイベントは百貨店で日常的にやっているので、それよりも、好きなことに熱中している人が自分の好きなことを語る。そして試合を1回やってみる。観客は驚くと思います。野球場などがあるのでやることは可能かと思いますが、闘牛をするために鉄のサークルを造るのが大変だろうなと考えています。

伊波 過去には小学校のグラウンドに鉄のサークルを作って闘牛を実施していますし、那覇の公設市場のところでも特設リングを作っていますので、鉄のサークル自体はある程度の補強ができれば問題はない。ただ、東京まで牛を運ぶのは大変です。

篠﨑 運んでもすぐには戦わないので、どこかに牛を預けなければいけませんね。問題はそこですか。

伊波　運ぶことによって疲れが出て、牛が戦わない可能性はありますから。

篠﨑　東京にも沖縄出身の人が多くいるので、いざやるとなると実行員会などに協力したいという人が集まると思います。いずれ、近い将来に実施して、皆が驚くことをやりたいです。お金は集まりますよ。スポンサーや、県のプロモーションなど。むしろ県のプロモーションの中で闘牛を2、3試合やるのも良いです。東京都心では牛そのものがいないので、びっくりすると思います。見慣れたホルスタインと比べても大きいですから。触ると筋肉の塊ですし。

伊波さんは事務局長としての仕事が、これからさらに忙しくなってくるのでしょうか。

伊波　私以外にやる人がいないですから。

篠﨑　伊波さん以外では無理ですよ。企画ができる人でないと。

伊波　誰か代われる人がいれば代わりたいのですが。僕もどちらかというと力を発揮するのは広告なのですが、大会になると事務作業が多い。全島大会になったら、対戦プログラムのデータ整理、印刷、トロフィーの注文、各牛に対しての通知、入場の管理、リストバンドの発注、商品の購入、そしてスタッフのおにぎりの発注までします。

会場ののぼり、駐車違反の対策、駐車場は朝7時から対応しています。5時間以上整備してから、実況し、片付け。そして、すぐに反省会、収支報告。疲れます。だからできる人に任せたいのですが……。副会長も牛のオーナーであり、プレーヤーなので、当日は運営本部にはいません。ややこしいのが、駐車券を持っていないのに関係者だと言い張る方が多く、それを見張るために駐車場の整理に行かないといけない。本部席に集中していても警備から連絡が来たりします。

篠﨑　昔からの思いがあるので、新しいルールに対応できない人が多いのかな。そのあたりの改善も今後の課題ですね。

伊波　この前、百数十名にアンケートとったのですが、禁煙のところでの喫煙などのマナーが悪く子供を連れていけないなどの声は多かったです。

篠﨑　そういうことに対応していく必要があります。

伊波　ごみ箱を設置しているけれど、ごみ箱に捨てるという感覚がないのでその場に置いていく。会場に来ている少年野球チームの子供たちがごみを拾っていく。それに対しても、大人が出したごみをなぜ子供が拾うのかというクレームが入ることがあります。大型ビジョンでごみ問題の映像を流し、問題提起をしています。正月に映像を流したらだいぶ減ってきました。

篠﨑　子供にとっても良い経験ですよ。大人になったら自分は捨てないでしょうから。

伊波　違法駐車も多く、近隣住民からクレームが入ることもあります。今度試そうと思っているのが、シャトルバスを利用した方にのみ抽選券を配って、抽選会を実施しようと思っています。旅行券などの良い商品を提供してもらって、バス利用へ促したいと思っています。

篠﨑　闘牛の人気が高まる中で、運営のご苦労も多いのがよくわかりました。全国の闘牛ファンのためにも、地元の子供たちのためにも引き続き頑張ってほしいと思います。

第2章

無関心層を関心層に変えるプロセス

闘牛文化リマスタープロジェクト

この章では、無関心層を関心層に変えた成功事例として、2014年から3年間うるま市商工会を中心に実施した闘牛文化リマスタープロジェクトを取り上げる。

日本の闘牛はスペインのそれとは違い、牛と牛を闘わせる相撲のようなものである。日本の闘牛の発祥は農村の娯楽であるが、現在では全国7か所ほどの地域にしか残っていない。今もなお闘牛が続いているのは、岩手県の久慈、新潟県の長岡、小千谷、島根県の隠岐の島、愛媛県の宇和島、鹿児島県の徳之島、そして沖縄県である。沖縄県ではいくつかの市町村で闘牛が今も行われている。全国の中でも、徳之島と沖縄県にはまだまだファンが多い。2年に一度、全国の闘牛関係者が集まる闘牛サミットがあるが、全国の中でも沖縄県のうるま市は成功事例であるといえる。

沖縄県の場合、本土復帰の1972年当時は非常に多くの闘牛ファンを集め、まさに沖縄を代表するひとつの文化であった。当時の琉球新報には、「仲の良い闘牛マニアたちが飲み会をやっていて、闘牛自慢が始まり、互いに一歩も譲らず、深夜に闘牛の果し合いをした」という記事が載っている。当時は、まさに闘牛の最盛期であった。闘牛は沖縄の人たちに大切にされ、代々引き継がれ、受け継がれてきたという歴史がある。闘牛牛舎には、子供からお年寄りまで幅広い地域住民が集い、勝っては喜び、負けては悲しむ。まさに沖縄の誇りでもあったが、やがて停滞し始める。

・最盛期にはテレビ番組「闘牛アワー」が放映され、「ゆかり号41連勝」など、沖縄県民を熱中させた闘牛文化がその後停滞し始めた。
・過去20年間で闘牛の飼育頭数は半減し、これにより闘牛の試合が大幅に減少。
・試合数の減少により闘牛牛舎経営が厳しくなり、共同オーナーが増加。
・集落単位で存在した闘牛場が減少の一途をたどる。
・その一方で闘牛アナウンサーの伊波大志氏、闘牛女子の久高幸枝氏など若手が積極的に活動し、新たな交流モデルとして期待が高まりつつあった。

闘牛は沖縄の地域コミュニティに密着した農村文化そのものである。闘牛をこのまま衰退させるわけにはいかない。農村から生まれた地域資源である闘牛文化をリマスター（改良・修正して再生産）することにより、人の流れを創出する。その結果、沖縄の農村文化である闘牛の維持発展が実現する。これにより、闘牛は趣味から文化へ、文化から産業へと基盤が拡大することになる。

日本には伝統文化が多くあるが、伝統文化が衰退サイクルに入った時、これに歯止めをかけるためには自治体による補助など非常に大きなコストを要する。これを回避するためには、無関心層を関心層に変えるという観光のメカニズムを使って伝統文化や伝統産業の基盤を強化するというのが、ひとつの方法である。それを狙って、闘牛文化リマスタープロジェクトがスタートした。

1. マーケティング調査 ～一般人のニーズを調べる～

闘牛文化をリマスターするための第一歩としてアンケート調査を行い、一般人の実態を調べた。東京都民と沖縄県民を対象にアンケートを実施し、300サンプルの回答を得た。

調査結果によると、「闘牛を見たことがある」という回答者は全体の31・7％（東京都民19・3％、沖縄県民44・0％）であった。一方、「闘牛文化に関して知っているもの」については、48・7％が「知っているものは何もない」と回答した。東京都民の62・0％、沖縄県民の35・3％が闘牛文化に関して知っているものがないという結果であった。（57ページ）

次に、闘牛関連のお土産品の購入意向を聞いたところ、全体の72・0％が「闘牛関連の

お土産品について購入したいものがない」と回答した。東京都民、沖縄県民ともに傾向は同じであった。（58ページ）

闘牛関連の食べ物についての設問では、全体の58・7％が「食べたいものがない」と回答し、また闘牛関連の観光プログラムについても55・3％が「やってみたいもはない」と回答した。（58ページ）東京都民、沖縄県民ともに傾向は同じであった。このように、大多数が興味を示さないという結果が出ることはよくあることである。

闘牛を見たとこがありますか（n＝300）

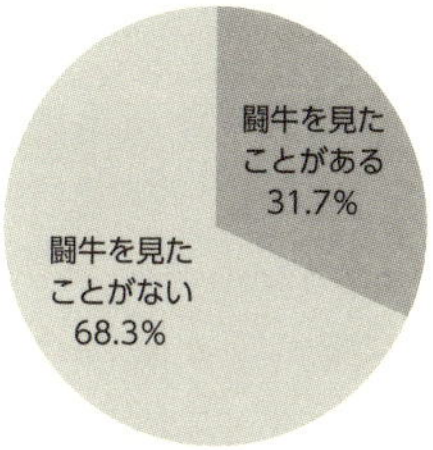

闘牛文化に関して知っているもの（n＝300）

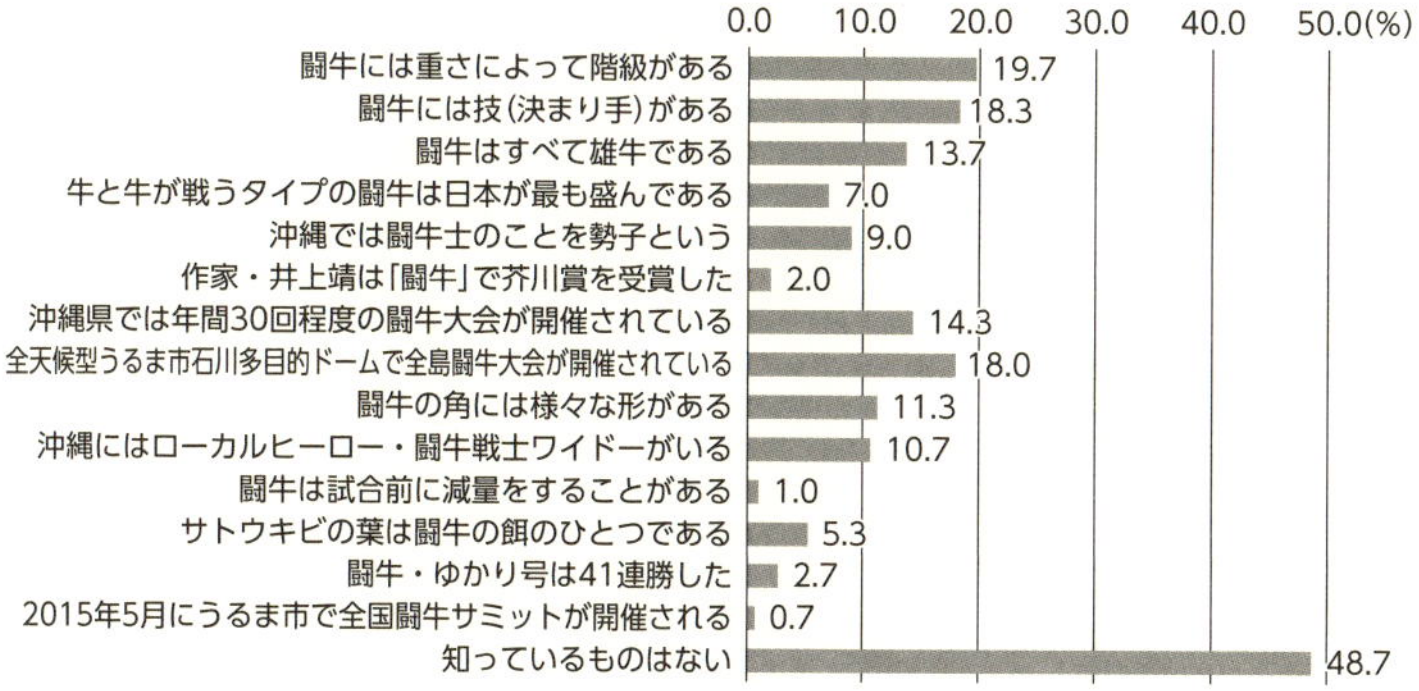

図表１　東京都民・沖縄県民アンケート調査
出典：闘牛文化リマスタープロジェクト（うるま市商工会）

闘牛関連のお土産で購入したいもの(n=300)

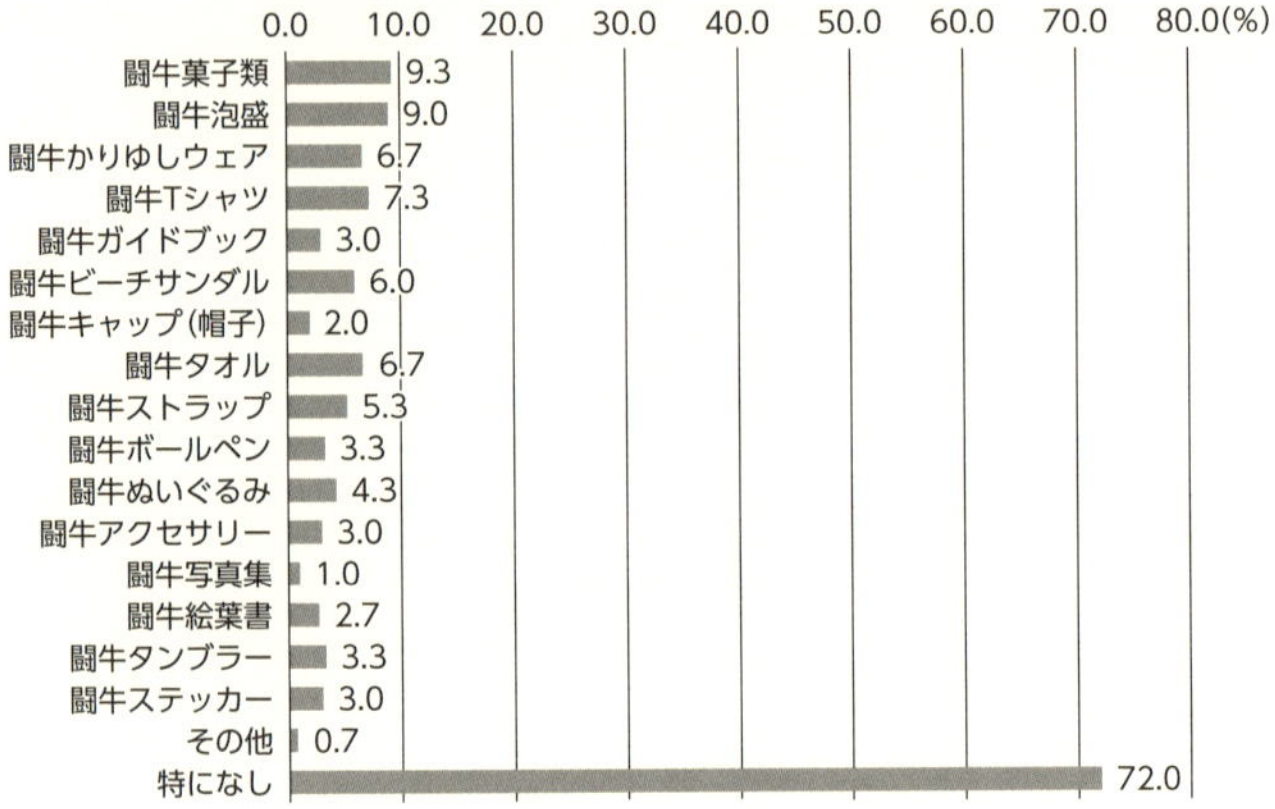

闘牛関連の食べ物で食べてみたいもの(n=300)

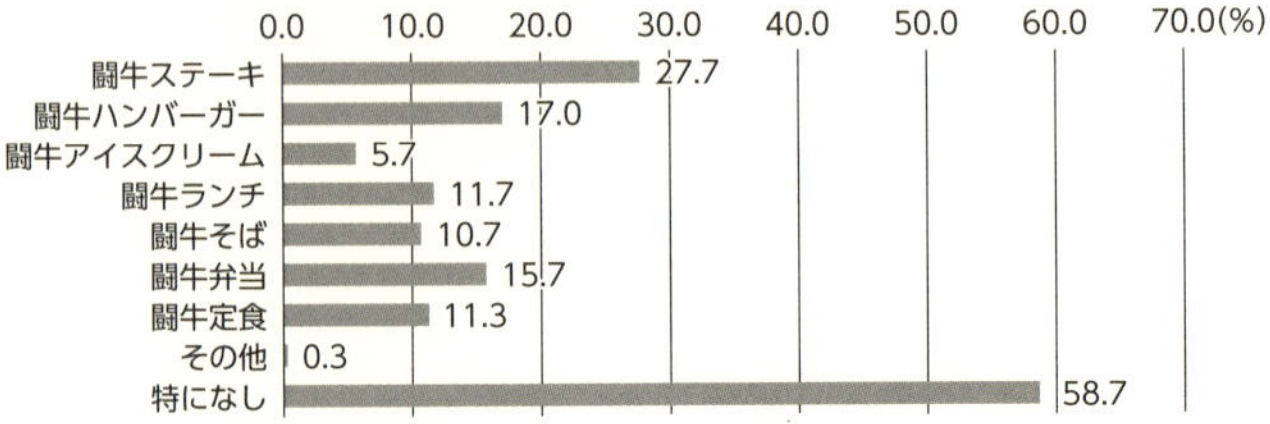

闘牛関連の観光プログラム等でやってみたいもの(n=300)

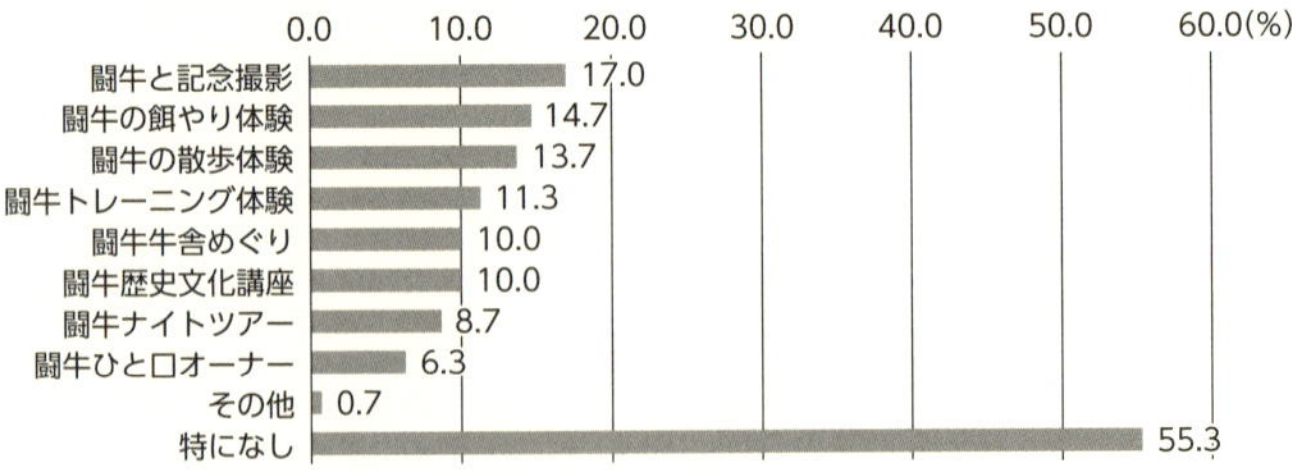

図表1　東京都民・沖縄県民アンケート調査（つづき）
出典：闘牛文化リマスタープロジェクト（うるま市商工会）

このような結果に対し、「闘牛のニーズがない」という判断をしてしまうケースもみられるが、その判断をするにはまだ早い段階である。この「特になし」という回答の中身を検証することが重要である。「特になし」という回答は、ふたつの要素で構成されているとみることができる。ひとつは嫌悪層。闘牛のことをよく知っていて嫌っているという層である。もうひとつは無関心層。闘牛のことを「知らない」あるいは「興味がない」という層である。この無関心層は、様々な情報を投げかけることにより、関心層に変わる可能性を秘めている。それを確認するのが第2段階目である。

2．グループインタビュー調査　～無関心層・嫌悪層の確認～

ここでは、10人の被験者を集めて、闘牛に関する情報を与えていき、それによる反応の変化を見ていく。今回のケースでは、5人のグループ2グループに対してインタビューを行った。そこで、無関心層がどれくらい関心層に変化するかを見ていった。

このインタビューでは冒頭3つの質問を投げかけた。

①闘牛という言葉から何をイメージするか。

全員が「スペイン」と回答した。

②家族友人知人に闘牛ファンはいるか。
全員が「いない」と回答した。

このことから、「闘牛」という言葉には、闘いの最後には牛が死んでしまうという残酷なイメージがつきまとい、また、「闘牛」に関する情報をもたらすような人が、身近にはいない人が多いということがわかった。
③闘牛に関する書籍、ホームページなどを見たことがあるか。
これに関しては、1人だけスペインに行く際にガイドブックで見たことがあると答えたが、残る9人は書籍やホームページでは見たことがないと答えた。

3．態度変容の確認　〜無関心層を関心層に変える〜

次に、この被験者に対して闘牛に関する様々な情報を与えてみる。このケースでは、闘牛アナウンサーの伊波大志氏を招き、20分間闘牛の面白さを解説してもらった。そして、解説では闘牛場のことばかりではなく、牛の日常生活や飼育している人の苦労話を含めて話してもらい、その中で意識変化を見ていった。例えば「闘牛は何を食べているか」。ふつうは牛舎で牧草を食べていると考えがちだが、実はそうではない。闘牛は農村娯楽であり趣味のようなものである。試合でファイトマネーは出るものの、飼育費の方が高くつく。そのため、飼育する人は時間をかけて青草を刈りにでかける。そのような苦労話などをモニターに聞いてもらう。また闘牛はホルスタインに比べてはるかに大きな体つきをしている。ホルスタインは牝牛であり６００～７００kgであるが、闘牛は去勢をしない牡牛であり、小さいものでも８００kg、大きなものだと１、３００kgほどの体重になる。全身筋肉であり、サイと同じような体形になってくる。

事前	「闘牛」という言葉から何をイメージしますか？	・10人が全員スペインと答えている ・ランボルギーニとエンブレム ・闘牛と闘牛士の闘い
	家族・友人・知人で闘牛ファンはいますか？	・10人が全員誰もいないと答えている
	闘牛に関する書籍、ホームページなどを見たことがありますか？	・9人が闘牛に関する書籍、ホームページなどを見たことがないと答えている。 ・1人はスペイン旅行に行く際にガイドブックで闘牛のページを見たことがある。

事後	伊波さんの話を聞いて、闘牛に関する興味は高まりましたか？　どの点に興味を持ちましたか？	・伊波大志さんの話を聞いて7人が闘牛への興味が高まった ・事前の準備、試合の駆け引きなど奥深さを知ると試合を見たくなる ・技がわかりにくい
	闘牛観光振興のためのアイディアは何かありますか？	・百貨店の沖縄物産展や銀座のわしたショップ等で動画を流すと良い ・東京で生の闘牛をやるべきである ・巡業をやるべきである ・闘牛観戦ツアーを作るべきである ・解説付きの映像を見せると良い ・空港、ホテルなどへ情報発信を行うと良い ・スポンサー制度の導入
	今回の調査で闘牛を見てみたいと思いましたか？（事前・事後の変化）	・10人中8人がぜひ闘牛を見てみたいと答えている。 ・2人は動物同士の闘いを好まない

図表２　グループインタビュー調査（東京都民）
出典：闘牛文化リマスタープロジェクト（うるま市商工会）

また、牛舎といっても酪農のように何十頭から何百頭もの牛を飼うものではなく、少ない牛舎では1頭、多くてもせいぜい5頭くらいを飼っている。周りに牧草地などなく、自分で青草を刈って牛に与えている。どうしても草が手に入らない時期には、牧草を買って与える。また、沖縄では12月から3月くらいまでの期間はサトウキビの収穫時期にあたるため、その時期には農家に頼んでサトウキビを分けてもらっている。サトウキビは茎の部分が甘いので、牛も茎だけを選んで食べるようである。

飼育の苦労話も沢山ある。牛主は朝食を食べた後、会社に行く前にまず牛舎に行く。牛に餌と水をやり、掃除など牛の世話をして、それから会社に行く。自分の給料を闘牛につぎ込んでいる人も多い。仕事が終わったあとは、まっすぐ牛舎に戻り、掃除をし、そのあとトレーニングをする。バスの大きなタイヤを角でつつくトレーニングなどをする。そして「散歩」と称して1時間くらい牛を連れて歩くが、牛の体重は1トンもあるため人間でいうロードワークのようなものになる。うるま市の牛舎近くでは、夕方牛の散歩をしている人が多い。また、海で牛に水浴びをさせている人も多く見られる。

そして、闘牛牛舎に戻ると今度は仲間が集まってきて、牛についての語り合いが始まる。それが終わってからようやく家に帰って夕食を取る。そのような毎日である。

牛舎というものは、人が集う集会所のような役割を果たしており、闘牛の試合の後は、勝てば祝勝会、負ければ残念会がそこで行われる。牛舎には40～50人が座れる椅子やテーブルが常に用意されている。そこに集まって泡盛を飲みながら語り合うのである。

このような話を聞いているうちに、無関心層が次第に関心を持ち始め、闘牛を見たくなってくる。この調査の例では、10人中８人が無関心層から関心層に変化した。残る２人は「動物同士が闘うのは見たくない」という、嫌悪層であった。

マーケティング調査とグループインタビュー調査の結果から分かったことは、一般人の７割は無関心層であり、その７割のうち嫌悪層２割を除く８割が関心層に変わるということである。

4．男女別の違いを確認

次に男女の違いを見ていく。

男女によって嗜好は異なるので、その違いをみていかなくてはならない。琉球新報社の女性セミナー来場者２７４名へのアンケート調査を行った結果が以下である。

沖縄県の女性の78・５％は闘牛観戦の経験がない。伊波大志氏の闘牛関連の話を聞く前のアンケートでは、大変興味があるが6・2%、興味があるが24・8%であった。伊波大志氏の闘牛関連の話を聞いた後は、大変興味があるが33・6%、興味があるが42・3%と大きく上昇した。関心度31・0%が75・9%に跳ね上がっている。
闘牛の無関心層から関心層への変化の度合いに関しては、男女の違いはないという結果になった。

ここまでが観客側の調査である。最初のアンケートでは、関心層の割合が非常に少ないことがわかる。その後グループインタビューで確認した結果、嫌悪層の割合は少なく、ほとんどが無関心層であって、無関心層は容易に関心層に変化するということが分かった。さらに女性について調べてみると、男性とほとんど変わらない傾向であるという結果を得た。これらの調査から、男性だけではなく、女性も闘牛のターゲットとなりうることが分かった。

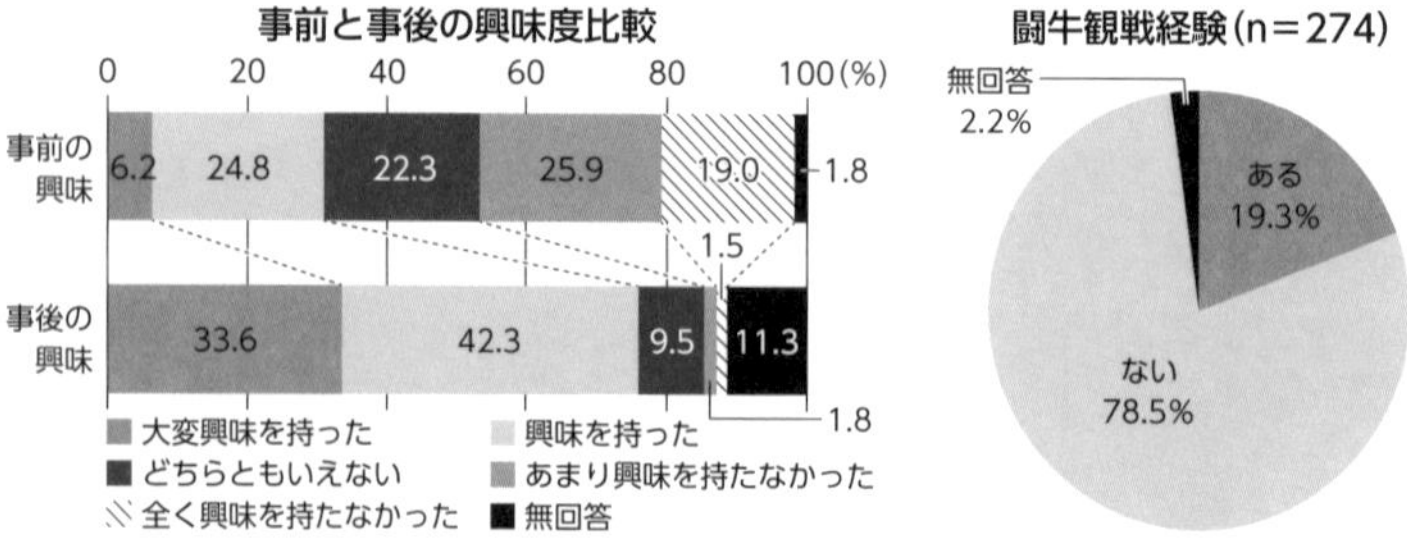

図表3　アンケート調査（沖縄県女性）
出典：闘牛文化リマスタープロジェクト（うるま市商工会）

5．受け入れ側（牛舎経営者）の意向調査

観光客の意識を調べた後にやらなければならないのは、供給側の意識を調べることである。そのため、牛舎の経営者に対するアンケート調査を実施し、経営者側の状況と意向の確認を行った。サンプル数は35サンプルである。

・闘牛牛舎の平均飼育数は2・1頭。飼育年数は10年から20年が多く、平均18・2年である。

・闘牛牛舎のうち17・1％は観光客の受け入れを行った経験がある。

・今後の観光客受け入れ意向につ

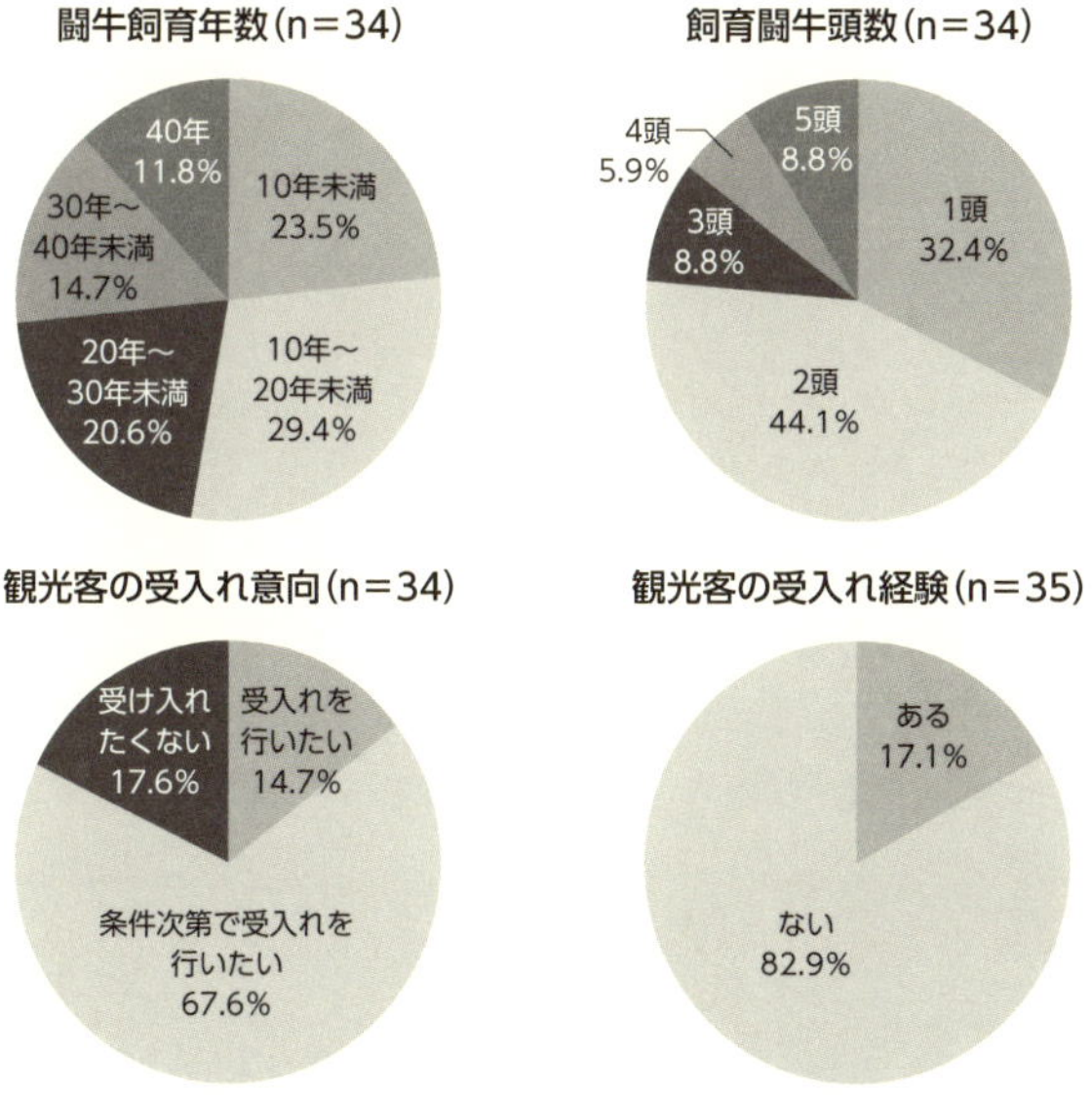

図表４　アンケート調査（闘牛牛舎経営者）※無回答を除く集計
出典：闘牛文化リマスタープロジェクト（うるま市商工会）

いては、「受け入れを行いたい」が14・7%、「条件次第では受け入れを行いたい」が67・6%で、合計82・3%が受入れについて前向きに考えている。

ほとんどの闘牛牛舎には、キッチン、冷蔵庫、大きなテーブル、多くの椅子があり、交流拠点機能を有している。牛舎経営は非常に厳しいため、その交流拠点を活用して体験観光などを受け入れることで、収入が得られるのであれば受け入れたいという経営者が多いことが分かった。

6. 闘牛ファンの現状調査

次は、一般の闘牛ファンに対するアンケート調査である。夏の全島闘牛大会への来場者を対象に調査を行い156サンプルの回答を得た。

アンケートの結果、来場者についての詳細が判明した。男性が68・6%、60歳以上が46・8%、沖縄以外の住民は5・1%、闘牛ファン歴30年以上が35・9%、年間観戦数10回以上が32・4%、月1回以上闘牛牛舎を訪れる人は31・7%となっている。(67ページ)

この調査結果から分かったことは、現在闘牛場に足を運ぶ観客は、長年にわたる闘牛

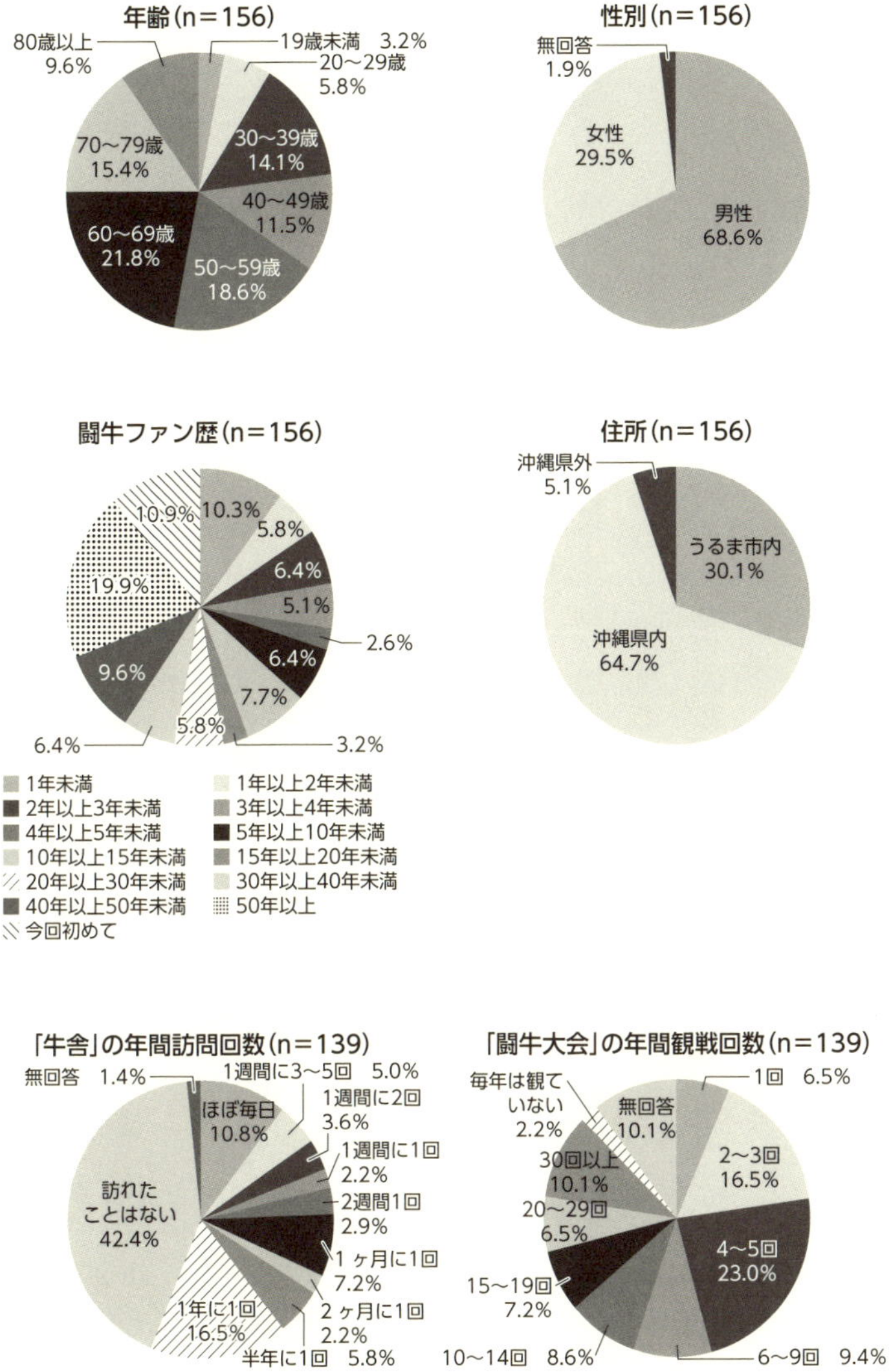

図表５　アンケート調査（闘牛ファン）
出典：闘牛文化リマスタープロジェクト（うるま市商工会）

ファンが多く、そのためかなり高齢化していること。男性の比率が高く闘牛の盛んな沖縄県内であっても、女性に関しては無関心層にとどまっている可能性が高いということである。将来に向けて闘牛文化を維持・発展させるためには、若者層と女性層の両方の掘り起こしが必要であることが分かった。

さらに、沖縄県外から来る観光客が極めて少ないことから、観光客を開拓する余地も多く残されていることも分かった。

7. 現状と課題の中間まとめ

地域の課題を発見し、これを解決していくところに観光振興の意義がある。今回の各調査結果を、闘牛ファンづくりと牛舎経営の改善に繋げていくことが最も重要である。

これまでの調査結果をまとめると、以下のようになる。

・闘牛文化関連の資源が非常に少ないため、通常の観光の中で観光客が闘牛文化に触れることは難しい。

・闘牛関連のお土産品は品数が乏しく、闘牛文化の魅力を十分に反映しきれていない。

・闘牛関連食メニューも闘牛関連体験プログラムも、魅力あるイメージを描き切れていない。
・首都圏住民は、闘牛文化に関する情報に触れる機会がほとんどない。
・闘牛文化に関しては無関心層が大部分であり、嫌悪層はごく一部である。無関心層は闘牛文化に関するストーリー性の高い情報を与えることにより、関心層へと瞬時に変化する。
・闘牛文化への関心度に男女差はほとんどなく、女性も闘牛文化のターゲットとなりうる。
・多くの牛主が観光客の受け入れについて前向きに考えている。
・ほとんどの闘牛牛舎には、キッチン、冷蔵庫、大きなテーブル、多くの椅子があり、交流拠点機能を有している。
・牛主が制作した闘牛関連商品は、闘牛タオルなど闘牛関係者向けのものが多い。
・闘牛文化を維持発展させるためには、ファイトマネー以外の資金循環モデルが必要である。それによって、元々は娯楽であった闘牛が文化になり、産業へと発展することが可能となる。産業へと発展することによって、闘牛文化の維持コストが生み出される。

闘牛の場合は、野球の無関心層を関心層に変えることよりも容易であると考えられる。なぜなら、野球の代表的な無関心層は野球をしたこともなくルールも知らない50代以降の女性であるが、このような層を関心層にすることはかなり難しい。この層を野球の関心層に変える方法は、地元にフランチャイズを誘致することである。そのためには、球場建設コストを除いても200億円はかかるといわれる。フランチャイズを地元に誘致すると、この層も関心層に変わる。北海道日本ハムファイターズが札幌に拠点を設けた時、選手が幼稚園に行って子供と遊んだり、家族でスーパーに買い物に出掛けている風景が報道されたりしたことで、野球の無関心層が関心層に変化した。

8. 仮説にもとづく販売促進の実行

うるま市の闘牛文化リマスタープロジェクトでは、これまでの調査結果に基づいて、販売促進ツールを制作した。

ポイントは牛舎を開放することである。グループインタビューを行ったことで、牛舎の中で行われていることへの興味関心が強いことがわかった。そこで、牛舎の中を見せるための仕組みを作った。牛舎の前に、見学できる時間と見学できない時間を案内する2種類

図表６　販売促進ツール
出典：闘牛文化リマスタープロジェクト（うるま市商工会）

の看板を作った。見学ができないのは試合の前日などである。パンフレットも制作して、闘牛の試合以外の情報を多く載せた。

闘牛の試合の場に無関心層を連れて行っても、3時間もかかる試合を見せたら二度と闘牛場には行かなくなると考えた。観光ではリピートすることが非常に重要であるから、最初は牛舎に連れて行って関係者の話を聞かせるようにした。関係者の話を聞いて闘牛が見たくなり、その後闘牛場に行くという流れがよいと判断した。

包装紙やのぼり旗も作った。試合のチラシもそれまでの対戦スケジュール主体のシンプルなものから、闘牛に興味を持たせるコピーを入れたものに変えた。うるま市内の色々な店舗をギャラリーに仕立てて、試合のない日でも闘牛に触れられるようにした。牛舎の場所を盛り込んだチラシを作ったり、闘牛饅頭なども提供し始めた。

女性、若者、県外からの観光客に伸びしろがあるということから、おおよその方向性が見えてきた。

9. モニタリング調査による仮説の実証

闘牛文化リマスタープロジェクトの仕上げの段階で5名のモニターによるツアーを実施

し、1泊2日の行程で試合観戦や牛舎での体験プログラムに参加してもらった。（写真85ページ）

1日目は事前にモニターからアンケートを取り、その後で闘牛の試合を見てもらった。その際に闘牛ののし紙のついた弁当を提供したが、闘牛の肉を使うわけにはいかないので、その代りこの弁当は大盛にしている。闘牛の会場にはバックヤードがあり、直前に戦った牛やこれから出場する牛を見ることもできる。牛がとても大きいので、ほとんどの人は驚く。アメリカのバッファローでもそれほど大きくはない。世界で一番大きいという人もいるくらい、日本の闘牛は体が大きい。モニター参加者も皆驚いていた。

試合に勝てば関係者は非常に喜び、祝勝会では余興で色々なことをする。観光では地元の人との交流に対するニーズが強いので、牛舎で行われる祝勝会への参加はプレミアムなプログラムになる。

2日目は牛舎訪問をした。牛舎経営がどのようになっているかを知ってもらう機会である。餌やり体験や散歩体験をし、ブラッシング体験もしてもらった。闘牛は水浴びも大好きで、体を洗ってあげると喜ぶ。

85ページに掲載している散歩中の牛の写真のように、白と黒が混ざった牛をパンダと呼んでいる。

ランチでは牛カツサンドを食べ、泡盛工場を見学した。ランチを提供してくれたという店は、その後も繁盛しているようである。ランチの後に行った工場では泡盛の製造工程を見学し、続いて闘牛ショップで買い物を楽しんだ。

以上がモニターツアーの全行程である。モニターツアーの最後には事後アンケートに回答してもらい、闘牛文化リマスタープロジェクトの関係事業者会議にも参加してもらった。

モニター調査の実施結果は以下の通りである。

○モニターツアーの満足度

・モニターツアー全体の満足度は5点満点中平均4・6と非常に高く、特に評価が高かったのは、闘牛大会の試合、闘牛牛舎の雰囲気、地元の人との交流などである。体験プログラムの中では闘牛散歩体験についての評価が高かった。

・一方、評価が低いのは、闘牛場のつくりや会場・周辺施設の状況、闘牛場での飲食、闘牛場でのお土産などで、参加者の多くが闘牛場の魅力化に大きな課題があると感じている。

・また、今回のモニターツアーの立ち寄り先の中では、闘牛ショップの評価がやや低くなっているが、これは一般向けのお土産品や闘牛グッズの品揃えが十分でないことに起因している。

・各プログラムのリピート意向についても、モニターツアー全体の満足度とほぼ同様の傾向がみられる。

○各プログラムのリピート意向

○各プログラムの評価

【時間の長さ】

・ほとんどの体験プログラムの時間の長さについては、概ねちょうどよい長さと判断できるが、闘牛大会観戦についてはやや長いと判断される結果である。

【説明のわかりやすさ】

・ほとんどのプログラムにおいて、説明は分かりやすかったとの評価を得た。やや評価が低いのは「祝勝会への参加」で、体験プログラムとして実施する場合には、より具体的な事前説明が必要になるものと考えられる。

【価格設定】

・価格設定の面では、祝勝会（想定料金１、０００円／人）についてはやや安いという評価となっているが、その他の体験プログラムについては、概ね適正な価格設定であると評価されている。（散歩体験１、０００円、その他体験５００円）

○各体験プログラムの感想及び改善点

・各プログラムの感想で、最も評価が高かったのは闘牛大会観戦。続いて散歩体験やブラッシング体験など、闘牛との触れ合いについての評価が高くなっている。

以下は、モニターツアー参加者のコメントである。

【闘牛大会観戦について】

・暑いので、脱水状態にならない為の給水が必要。
・大会全体の時間が読めないので、事前に仕組みや時間の目安を示してあればより良かった。
・人によっては少々長いと感じるのではないか。
・外から来た観光客向けに沖縄ならではの食べものがあると良い。
・試合のルールや見どころがわからない。パンフレットを読む時間がほしい。
・ツアーの中で参加するのであれば、２時間くらいがちょうどよい。

・試合中牛の区別がつかなくなる。
・試合と試合の間にエンターテインメントがほしい。
・最前列～3列目くらいまでは値上げして指定席にする。飲食を充実する。

【闘牛牛舎での祝勝会への参加について】
・気さくで雰囲気が良かった。
・地元の人と交わる際のマナーなどを事前に教えてほしかった。
・丁寧に取り持ってくれないと、入っていきづらい雰囲気。
・今回はお邪魔した感じが強く、時間も短かった。参加費を払ってもいいので、もう少し長い時間食事・お酒・おどりを一緒に楽しみたい。
・とにかく虫が多い（刺された）。トイレの問題。虫や臭いの中、食事する事に抵抗のある人は多いかも。

【闘牛ブラッシング体験について】
・毛並みがきれいだった。
・どの辺をブラッシングすると牛が喜ぶか等、事前にレクチャーがあった方が良い。

・牛がブラッシングされたがっているからやる、というタイミングが良かった。
・とても楽しかった。思ったよりも牛がかわいくて、愛着がわいた。
・ホコリが舞うので、マスク持参を呼びかけるかマスクを主催者が用意した方が良い。

【闘牛餌やり体験について】
・牛を身近に感じた。
・どの草がどういう役割か、事前に教えてもらうとより深みがでる。
・体験がシンプルすぎるので、単独でお金を取れるかどうか疑問。
・それぞれそこまで長い時間でもないし、きりわけるのも難しいと思うので、全てまとめて1・5h〜2hあたり3、000円ということでよいのではないか。

【闘牛水浴び体験について】
・牛に親しみを感じた
・牛のコンディションにより水を無造作にかけてはいけない等、事前に情報があると良い。

【闘牛散歩体験について】
・慣れると楽しい
・おとなしい牛とはいえ、事故を心配する人は多いと思う。牛舎の人たちと紛議になるのは嫌なので、「べからず集」があると良い。保険も必要。
・今回のように関係者が多いと良いが、観光客が行った際に安全性が不安である。
・景色が良い場所を散歩させたい。皆ＳＮＳにアップしたい。良いイメージの写真が拡散されるように。カメラマンもいたらよい。

【闘牛との記念撮影について】
・特に必要はないが、あっても良い。
・どの牛と撮影したのかがわかるボードがあればなお良かった。

○闘牛弁当及び闘牛ランチについて

【闘牛弁当の改善点】
・量がやや多い。サラダや果物のバリエーションが必要。
・落ち着いて食べられる環境ではないので、ストーリーを感じる雰囲気ではなかった。

・肉が多かった。女性には少しきつい（量も内容も）。肉以外で普段あまり食べない物が良い（油みそなど）。食べる場所が狭いので、バーガー等食べやすい物の方が良い。弁当で、ひとつひとつが大きくて食べにくかった。
・ハンバーグよりはステーキ系。しゃぶしゃぶよりは焼肉系が良かったが、これは好みの問題。

【闘牛ランチの改善点】
・闘牛場で食べられるサイズ。飲み物とタイミングを合わせた方が良い。
・価格は1、800円くらいでも良い。
・ストーリーがよくわからなかった。観光の場面ではカツサンドは食べない。もっと闘牛らしい演出がほしい。食べやすく、観戦をしながらであれば食べるかもしれない。
・食べづらかった。カットして出してもらえると嬉しい。カツも固めで噛み切れない。

沖縄は弁当文化があり、250円から300円ほどで弁当が手に入る。闘牛弁当の価格を1、500円くらいで想定していると話すと、地元住民は驚く。しかしながら、地域の食材を使い地域の文化を伝える商品であるため、価格は多少高く設定して良いと考えられる。その点で「価格は1、800円くらいでも良い」という意見も妥当と考えられる。

○飲食・販売・情報発信に関するアイディアについて

【飲食について】

・闘牛＝牛料理でなくてもよいと思う。
・わかりやすいマップがあると良い。
・クレジットカード等が利用できる環境は必須。
・肉以外の地域の物も食べたい。
・飲物も食べ物もバリエーションが少なく、大混雑している。外周にタコライスや沖縄そばの屋台があると嬉しい。

【グッズ・お土産などの販売について】

・Tシャツ、タオル等のグッズは必須。
・「大会優勝牛のフィギア」等は、記念になると思う。
・一般の観光客が欲しくなるものと、闘牛ファンが欲しいものの住み分けが必要。
・お土産は必ず買うし友人にも配るので、500円以内の手ごろな商品が欲しい。

・野球観戦で使うメガホン、バレーボールのスティックのような、闘牛場全体に一体感が出る応援グッズ。普段から着用できるオシャレなキャップかＴシャツ。

【情報発信について】
・情報発信は足りない。沖縄はもちろん、首都圏や全国に配信が必要。
・独自の「ストーリー」（牛舎の人との触れ合いや思い入れ）に、重点を置けば良い。
・前回沖縄旅行に来た時には、闘牛があることに気づかなかった。
・全く露出がないので、マスメディアの活用も必要だと思う。
・ＳＮＳで英語発信すれば、外国人がもっと来ると思う。Ｔｗｉｔｔｅｒで「全島闘牛大会」を検索しても、数名しかつぶやいていない。

６年前には米軍基地の関係者は少ししかいなかったが、その後大ブレイクしている。闘牛アナウンサーの伊波大志氏の横にＤＪを置いて、伊波氏のアナウンスの直訳ではなくＤＪ風のアナウンスを行うようにしたことで、外国人が急激に増えてきた。

このプロジェクトを進める中で、マスメディアの露出も増え、今では沖縄のトップグループに入るコンテンツとなっている。これは、モニターツアー参加者のコメントのお陰であり、次にやるべきことが見えてきて、それを忠実に行ってきたことが大ブレイクする結果に繋がっている。

【全体に関する意見・感想】

・闘牛についての情報はある程度はあるが、一般への認知が足りない。コンテンツとして素晴らしいので、告知・広報の展開等を積極的に行うことで、全国から多くの人々を集める事ができると思う。

・牛舎体験⇓大会観戦⇓祝勝会が最も親近感を持ちやすいと思う。沖縄のリピーターへのアピールを主にしてみてはどうか。初回は海に行って他の時間を割かない。

・大会があれほど満員状態なのに、観光客が入り込む余地があるのか？一度見る体験をすればリピーターになる人はいると思うが、何を体験できるかが分からないと価値が伝わらないのではないか。一般の観光客の場合は、席に座れるのか、交流会で楽しめるのか、牛舎にいきなり行って案内してくれるのかなど、不安がある。

・牛舎まで体験するツアーだと、通常の観光というよりは、教育（子供と一緒に、修学旅行等）的なものか、ソーシャル的なもの（稲作体験のようなもの）の方がしっくりくる。闘牛観戦だけであれば、通常の観光のオプションとしての参加はある。その場合には移動手段がネックになる。
・牛舎訪問は試合前に行きたい。そこでブラッシングしたり散歩させたり、牛舎の方の話を聞いて愛着を深めたい。応援する牛がいれば試合の楽しみ方が全然違う。野球は野球教室で教わった選手やサインをもらった選手のファンになって応援するが、牛もこれと同じだと思う。東京に帰ってからもその牛がいつ試合に出て、その結果がどうだったのかを知ることができたら、興味を長期的に持ち続けられる。

全島闘牛大会は年に3回行われるが、前日から入場券を並んで買っている。そのような大会も見せたいし、そのひとつ下のクラスの大会も見てもらいたい。下のクラスの大会の場合少ないときには500人くらいしか観客が入っていないものもある。
闘牛は面白いし、ブレイクする予感がしたモニタリングであった。

モニターツアー自体には一定の評価を得られたが、実際のツアー化や体験プログラム実施に向けた改善点等について、具体的な指摘があった。
・闘牛場、闘牛牛舎、その他関連施設の魅力化・環境改善
・闘牛関連商品の充実

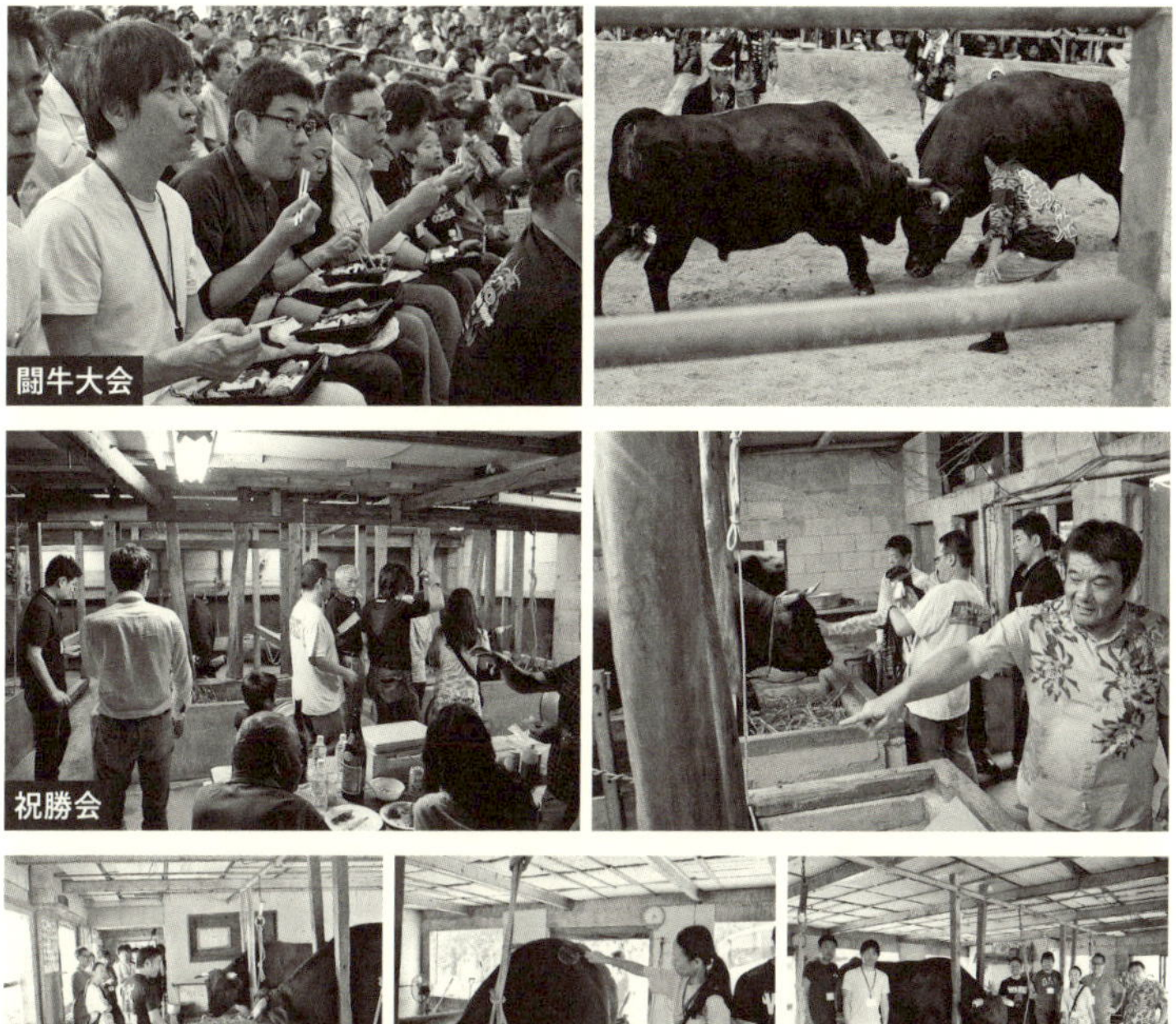

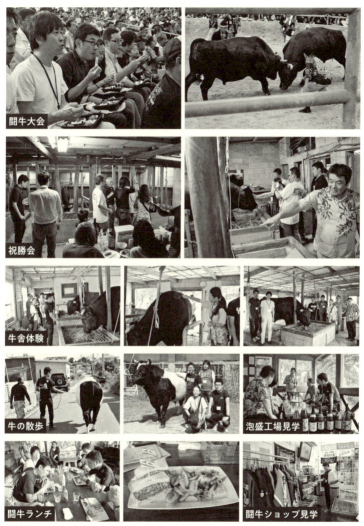

図表７　闘牛文化モニタリング調査
出典：闘牛文化リマスタープロジェクト（うるま市商工会）

・体験プログラム実施に際しての事前の情報提供
・闘牛関連情報発信の充実など

モニタリング調査で得られた意見を関係者間の共通認識として共有しつつ、闘牛牛舎受入マニュアルの整備や闘牛牛舎マップの作成に反映させながら、闘牛体験プログラムの受入れ体制の構築につながるよう、関係者が連携しながら取り組んでいくことが重要である。

このように、地域資源のコンテンツ化に向けて、マーケティング調査からマーケットの可能性を探り、そこから掘り下げて骨格を決めた後で、モニタリング調査を行うという流れになっている。このモニタリング調査の結果によって、その後観光コンテンツとしてブレイクさせる流れにもっていくかどうかの判断をすることになる。

観光では、単に「SNSで情報発信をする」というようなことだけではブレイクさせることはできない。闘牛の場合はブレイクさせるのに3年程かかっている。試行してチェックし、そして再び試行してチェックするという繰り返しでここまで進化してきている。そのようにして初めて観光コンテンツは出来上がるものである。ブレイクした後の結果だけを見ているとわからない。このプロセスは、メーカーの商品開発と実は同じである。ニーズを調査して試作品を作り、テストマーケティングを行って改良を加え、ひとつの商品を作り上げる。これを急いでデビューさせようとした場合には、ホームページに掲載したとしても深みのある情報がないため、市場は反応しない。闘牛の場合もそのようなやり方では「やはりニーズがないですね」という結果に終わっていた。野球選手の育て方と同じで、しかるべき方法で育てると有望な選手になった可能性があるにも関わらず、やり方を間違えてしまったために失敗したという例が多くあるのと同じである。

状況を正確に把握して育て上げるということが、観光コンテンツの場合にも非常に重要になってくる。それをおろそかにすると、地域文化が失敗とともに廃れていくということになる。うるま市の闘牛の場合は、一定のプロセスを経て、これはいけるという認識を持つにいたった。

10. 闘牛ナイトの開催（東京丸の内）

マーケティング調査から、ターゲットを女性、若者、県外観光客と決め、モニタリング調査でクオリティをチェックして、おおよその形が定まってきた。その後は仕上げが必要である。うるま市に出張の際に闘牛関係者と話すと、闘牛関係者は自分のしていることに対して誇りを持っていることがわかる。しかしながら、ホームグラウンドでは文化や観光資源について語るが、アウェイで自分たちのことを堂々と語ることができるかどうかが問題である。

そのような背景から、闘牛文化リマスタープロジェクトの最後の仕上げとして「闘牛ナイト」を行った。場所は丸の内の南口にあるJPタワーKITTEの地下1階の東京シティアイというイベントスペースである。隣には観光案内所があり、周辺がオフィス街ということもあって、とても人通りの多い場所に立地している。

その東京シティアイで、「語りのイベント」を実施した。特産品の試食をやるようなイベントは数多くあるが、ここでは「闘牛を語る」というイベントを実施した。

イベント会場の中に入ると、多少物販スペースもあるが、トークライブのステージが真ん中に設置されている。

スライドで映像を映しながら、ファシリテーターを配置して、パネルディスカッションに近いスタイルで行った。通りにはたくさんの人が歩いている場所なので、多くの人が会場に入って来る。登壇者の闘牛関係者も始めは非常に緊張していたが、闘牛文化を語り始めると反応は非常に良い。東京には物産をもってくるイベントは多いが、地域の伝統文化の良さを語るイベントは少ないので、来場者も多く非常に良い反応であった。次第に登壇者も舌が軽くなって色々な話をしてくれるようになった。多くの来場者の中で、闘牛文化について自信をもって語ることができ、イベントとしても大成功で終えることができた。

図表８　闘牛ナイトの開催（東京丸の内）
出典：闘牛文化リマスタープロジェクト（うるま市商工会）

11. 闘牛文化リマスタープロジェクトの成果

闘牛文化リマスタープロジェクトは、多くの成果を残した。

ひとつは、闘牛のコンテンツを扱う会社（ワイドー a・i プロ株式会社）の設立。もうひとつは通り会（商店街）の復活。商店街は一度解散したり休眠したりするとなかなか復活しないが、通り会がこの闘牛プロジェクトに合わせて復活してきた。さらに、地上波による闘牛戦士ワイドーの放映（2018年4月〜）。1シリーズ11回程放映し、すでに2シリーズ放映されている。この闘牛戦士が子供たちのヒーローになった。沖縄の戦隊もので3番目以内に入っている。闘牛戦士ワイドーがテレビで放映されるようになると、幼稚園や保育園から依頼が入るようになった。子供に広がるということが将来のファン拡大に繋がるため、非常に良い流れが出来上がってきた。旅行商品を作り、修学旅行誘致も行っている。さらに闘牛関連のTシャツなど多くの商品が開発された。また、恩納村のホテルからはオプショナルツアーの依頼があった。ホテルの場合、朝夕は送迎バスを使うが昼は空いているためこれを活用し、闘牛場、牛舎、泡盛工場を巡るツアーができた。さらに、企業がスポンサーとなり、冠大会が開催できた。

そうした中で、世界で最も大きな観光イベントであるツーリズムＥＸＰＯに出展するようになり、今では沖縄ブースのレギュラーとなって地域関係者の意識高揚につながっている。また、動物が関係する闘牛文化であることから、これを文化遺産に登録しようという動きが生まれ、うるま市の文化遺産に登録された。

今では、YouTube上での配信（BULLTUBE）を行っている。これは闘牛についての情報配信というよりも、関係者の人間性を引き出すような内容になっており、非常に参考になる動画である。人を介して情報発信することで、親近感がわいてきて、文化を伝えることに繋がっている。人の魅力を知って、牛舎を訪ねて来る人もいる。まさに、娯楽から文化に、そして産業へと進化を遂げてきているのである。

やるべきことは多く残っており、将来のゴールを設定している。引き続き闘牛文化の再構築をしていく必要があるし、また、闘牛博物館を造ってはどうかという声も出ている。闘牛観光ファームの建設。闘牛の試合は年間30から35試合あるが、観光客が来た時に見られないことが多いため、観光ファームを造ってはどうかという話が持ち上がった。また、闘牛牛舎経営の安定化が継続的に必要なため、相撲でいう谷町のように闘牛の会員が牛舎を支えるサポーター制度が必要で、それに向けて関係者が動き出している。

闘牛文化リマスタープロジェクトは、プロジェクトとしては非常にうまくいっているケースである。女性ファンや子供、若者、県外の観光客や外国人もかなり増えてきている。特に、年に3回の全島闘牛大会は、前日から並ばないとチケットが取れないという状況になってきている。

闘牛文化リマスタープロジェクトのパンフレットも大きく進化した。多くの人に知ってもらえるように内輪のものから、総合格闘技などを参考に賑やかさが出てきている。修学旅行生もやって来るようになるとは、当初は想定できなかった。闘牛場で牛の説明をする。闘牛は文化であることを学生が理解するようになり、若い層を掘り起こせるようになってきている。闘牛関連の商品開発もかなり進んできている。

また、闘牛女子の久高幸枝氏が映画化された。久高氏は闘牛場に行くと必ずカメラをもっている方だった。牛主の一家に生まれて、闘牛を愛して闘牛の良さを写真で伝える方だった。残念なことに2020年にお亡くなりになり、多くの方が残念な思いを抱いて、久高氏の生涯を映画にすることになった。

色々な方々が闘牛文化を支え、盛り上げようと努力されてきた。一時期低迷した時期もあったが、久高幸枝氏や伊波大志氏はもちろん、昔から支えてきた方々の力によって闘牛が見事に蘇ったといえる。

第2章では、闘牛文化というものを観光の面でいかにしてブレイクさせたかというプロセスを紹介した。地域資源の磨き上げに取り組む際には、このようなプロセスを経て地域資源は光るものだということを思い出していただきたい。

このような取り組みをする時には、まず色々な人に会って情報を集めることから始めなくてはならない。それを怠ると必ず失敗する。今では消費者が当たり前のようにいろいろな情報にアクセスできるようになった。10年前の地域資源の紹介情報をそのまま流しても通用しない。消費者の方が深い情報を入手している。したがって、観光資源を売り出したいという方々は、もっと深い情報を取りに行く必要がある。その深い情報は地域にたくさんある。

地域のお年寄りしか持っていないような古い時代の資料などは、なかなかインターネットには掲載されない。地域に行けば手に入る。それを咀嚼して表現していくことが大事である。ＳＮＳで容易に発信

- 会社の設立（ワイドー ai プロ株式会社）
- 通り会（商店街）の復活
- 闘牛戦士ワイドーのテレビ放映（2018 年４月～）
- 旅行商品＆修学旅行誘致
- 闘牛関連商品の開発販売
- 恩納村ホテルオプションツアー
- 企業冠大会の実施
- ツーリズムエキスポへの出展
- うるま市の文化遺産登録
- 地域関係者の意識高揚
- BULLTUBE の配信

図表９　闘牛文化リマスタープロジェクトの主な成果

しても、消費者はなかなかそれに惹かれない。とにかく情報を拾って深堀していくこと。それには汗をかくことが大事なのである。

第3章

観光への提言

～2019―2024年「不動産経済® Focus & Research」(株式会社不動産経済研究所)への寄稿文より～

観光 Buy Localについて考える（2019年9月18日号）

観光は日本を代表する産業に

訪日外国人観光客が3000万人を超え、21世紀のリーディング産業として観光産業への期待が高まっている。その一方で入込客の増加による観光消費が地元事業者にまで十分に波及せず、その効果が一部の業種に限定されているという課題が出ている。オーバーツーリズムと言われている地域でさえ、農業、漁業、加工業、小売業のデータが減少している例が散見され、観光が総合産業としてのポテンシャルを発揮できていないという声も聞こえている。

観光政策推進の目的は、観光消費が地元事業者へ経済効果を及ぼすことであり、地元事業者間の域内調達率を高めることである。2017年に改訂された観光立国推進基本計画の基本方針では下記が述べられている。

【観光立国推進基本計画】

この基本計画においては、特に以下の方針に基づいて、政府を挙げて観光立国の実現に向けた施策を推進することとする。
（１）国民経済の発展　―観光が、日本経済を牽引し、地域を再生する―
（２）国際相互理解の増進　―観光が、真に開かれた国をつくる―
（３）国民生活の安定向上　―観光が、明日への活力を生む―
（４）災害、事故等のリスクへの備え

「観光客急増＝地域経済発展」になっていない

つまり観光は地域経済に寄与することを目的のひとつに行うものであり、当然ながら地元住民および事業者の経済的なメリットが大前提である。

私が観光計画策定をサポートした沖縄県宮古島市は、２０１５年1月に宮古島と伊良部島を結ぶ伊良部大橋が開通、これを機に観光客が急増し、開通前年度の２０１３年度は40万３９１人だった観光客が２０１８年度には１１４万３０３１人に達している。２０１９年3月にはパイロット訓練用空港であった下地島空港が、ＬＣＣおよびチャーター機専用の空港として運用を開始、２０２０年度には新たなクルーズターミナルもオープンする予定である。これに伴い、島外資本による宿泊施設を中心とする観光施設への投資が促進され、まるでバブル期の日本のような様相を呈している。

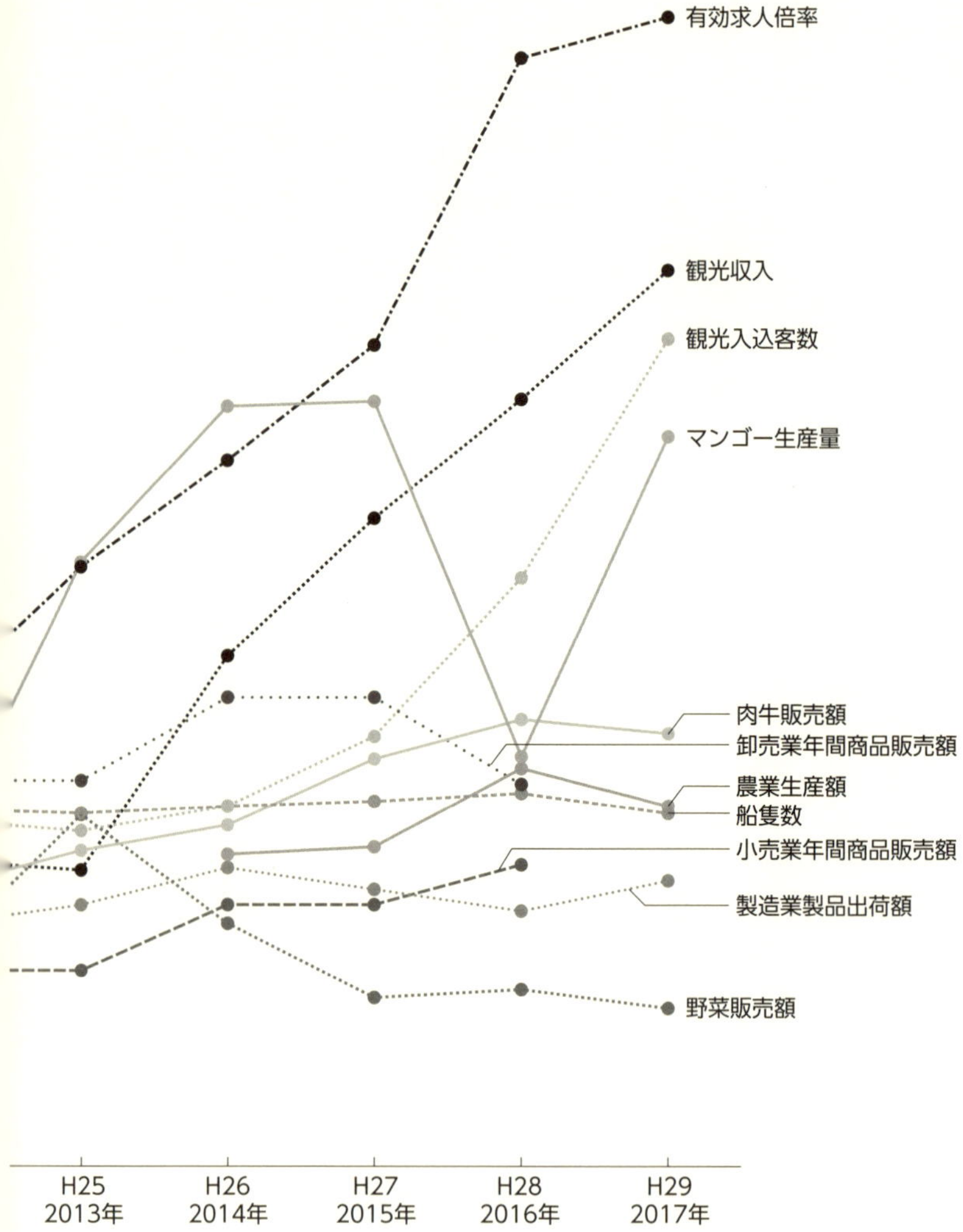
有効求人倍率
観光収入
観光入込客数
マンゴー生産量
肉牛販売額
卸売業年間商品販売額
農業生産額
船隻数
小売業年間商品販売額
製造業製品出荷額
野菜販売額
H25
2013年
H26
2014年
H27
2015年
H28
2016年
H29
2017年

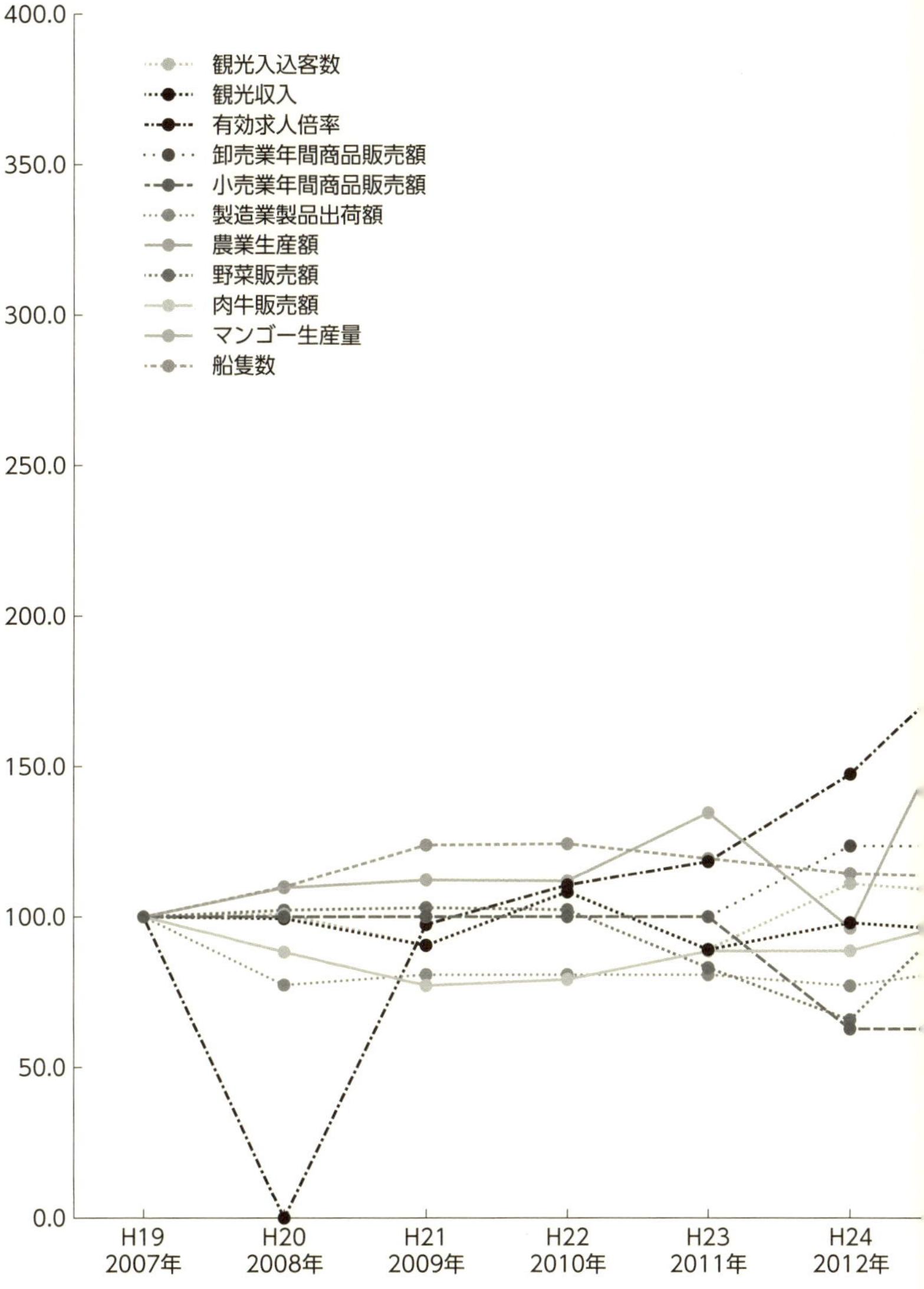

宮古島市の主要指標の推移（2007 年＝100）
出典：宮古島市の資料をもとに筆者が作成

順風満帆なように見えるが、観光政策の根幹を揺るがす大きな課題が見えてきている。観光入域客、観光消費額の伸びに対して、製造業出荷額や小売業年間商品販売額はほぼ横ばいが続いているのである。つまり観光客の増加が地域経済への波及効果を十分に及ぼしていないのである。

オーバーツーリズムとさえ言われている宮古島市の観光が抱える深刻な課題をまとめると、下記になる。

・域内調達率が低く、地元事業者に経済効果が波及していない。住民所得が増えていない。
・人手不足から営業時間を短縮している店が多く出ている。
・住宅&土地が高騰しており、新築だと１Ｋでも賃料10万円を超える。この1年で賃料が15%上昇している。
・観光客の季節波動と第1次産業の季節波動によるミスマッチに対して設備投資等の対策が遅れている。大型ホテルは食材の通年安定供給を地元の第一次産業に条件提示しており性能が高い冷凍冷蔵設備への投資が必要である。現状は島外の卸業者から県外島外食材を多く購入している。
・クルーズ寄港が大幅に増えているがバス会社、タクシー会社以外は売上が増えていない。
・地元住民の観光事業者への好感度は17%しかない。

地元経済をも発展させる観光 Buy Local

観光による健全な経済発展を促すためにも、「観光 Buy Local」を国を挙げて浸透させる時期に来ていると考えている。Buy Local とは、アメリカの各地に大型スーパーが進出する際に、地元商店街等がスクラムを組んで、「地元の商店で買うことが良質な商いを育て、地域の魅力を増すことにつながる」という運動を展開した際に使ったフレーズである。私が提唱する「観光 Buy Local」は、観光客の基本的なニーズが地元でとれたものを地元で加工して地元で販売することにあると捉え、観光消費の域内調達率を高める取り組みを官民が連携して行うことである。その際には、従前のプロダクトアウト的なやり方ではなく、観光客の需要と地元事業者による供給の差を数字化して、その差をビジネスチャンスとして地元資本による投資や地域金融機関の融資の基準とする必要がある。

ＪＴＢ総合研究所は宮古島市と連携をして、「宮古島食材の需要供給調査」を実施、観光客の需要と地元事業者による供給

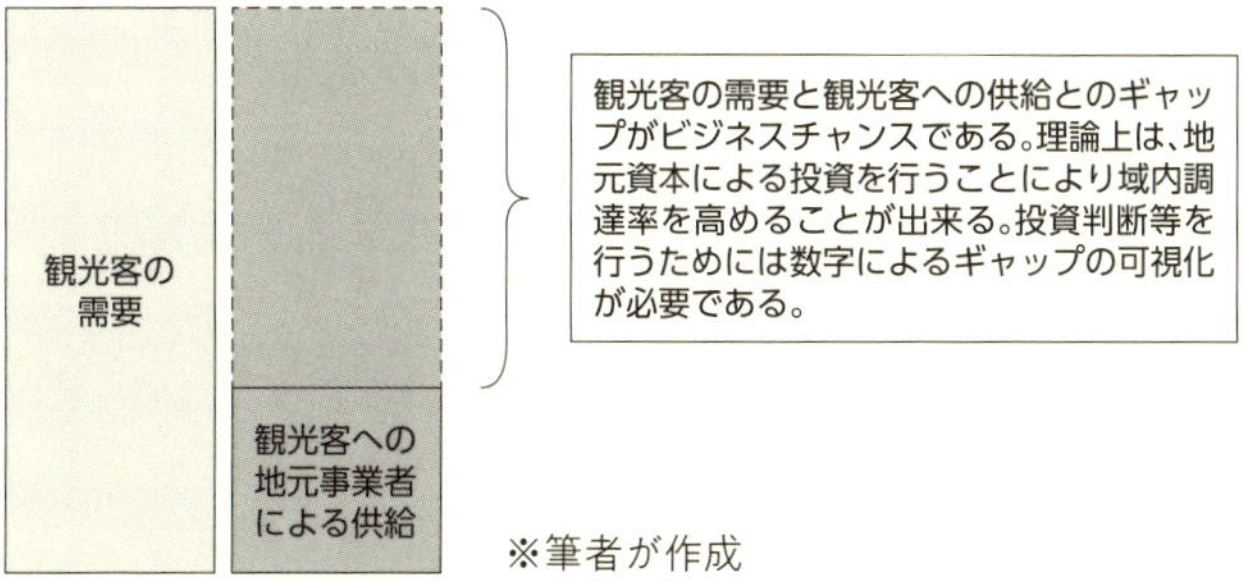
観光客の需要
観光客への地元事業者による供給
観光客の需要と観光客への供給とのギャップがビジネスチャンスである。理論上は、地元資本による投資を行うことにより域内調達率を高めることが出来る。投資判断等を行うためには数字によるギャップの可視化が必要である。

※筆者が作成

ギャップの数字化を行い、地元の事業者への波及効果を最大化する「観光Buy Local」を推進していく。

市町村観光計画の現状と課題（2020年4月29日号）

市町村観光計画調査概要

訪日外国人観光客が3000万人を超え、21世紀のリーディング産業として観光産業への期待が高まっている。その一方で観光入込客の増加による経済効果が一部の業種に限定され、当該地域の一次・二次産業にまで波及していないことから、観光産業が総合産業としてのポテンシャルを発揮できていないという声も聞こえている。また行政組織内でも観光計画が下位計画として位置付けられていることが多く、総合産業であるにもかかわらず他部署の計画との重複を避けた極めて限定的な計画となっている。

ＪＴＢ総合研究所は、観光政策の指針である観光計画の現状と課題を整理し、これからあるべき計画策定の実現を目的に全国の市町村を対象とした調査を行った。

調査方法：調査票をメール配信、メール／FAXで回収
調査実施期間：2019年9月28日～11月25日
調査対象市町村：全国1724市町村
回収数：295サンプル（回収率17・1％）

調査結果から見えてきた現状と課題

観光計画と観光振興推進体制

観光計画を策定している市町村ほど、観光振興推進体制が整っている。観光計画策定メンバーは行政、観光協会、経済団体が主であり、農林水産などの観光関連以外の関係者が加わっている市町村は多くない。

観光計画策定前段で行われる基礎調査

観光計画策定前段の基礎調査は、観光客と観光関連事業者を中心として行われており、観光関連以外の事業者

観光振興推進体制整備と観光計画の策定

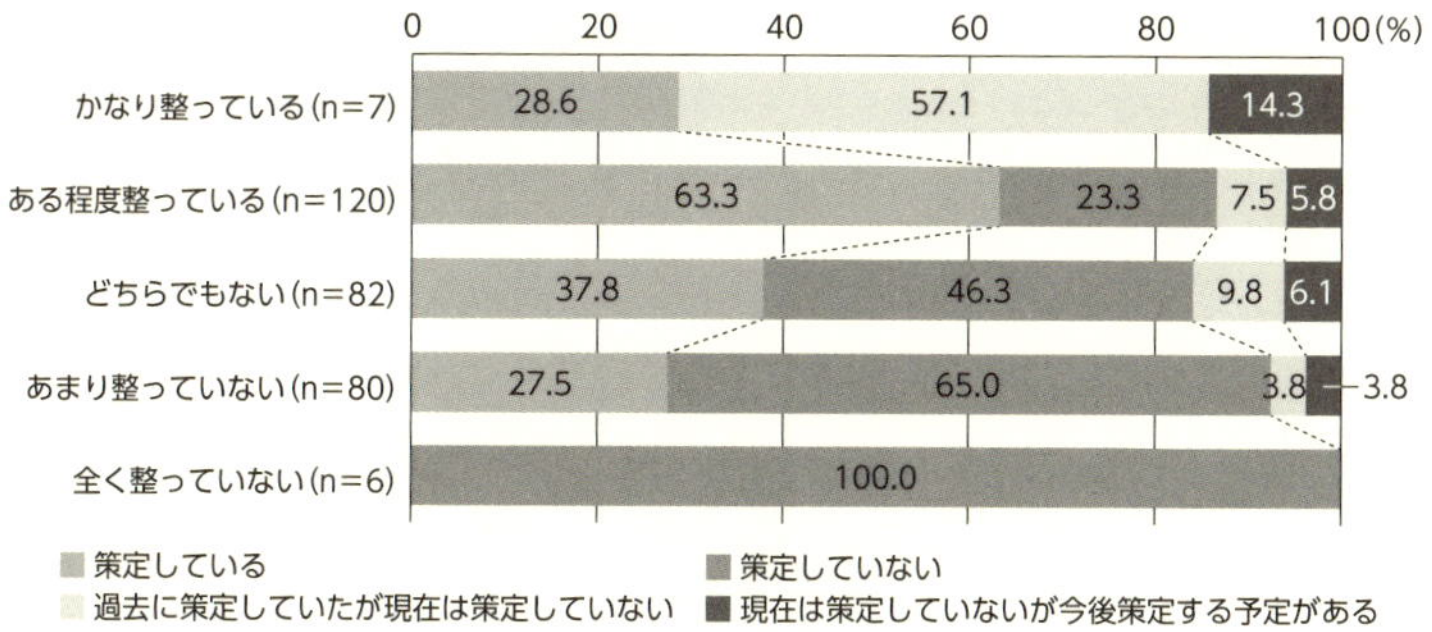

出典：全国市町村観光計画調査（JTB総合研究所）

を対象とする調査は多くない。また、GPSやRESAS等のビッグデータの活用も進んでいない。

数値目標や施策

観光計画策定メンバーや基礎調査対象が観光関係に偏っていることにより、数値目標や施策においても地域経済を網羅した視点が欠落している。基本方針には「地域経済活性化」を謳いつつも、数値目標や施策には観光関連の項目が多く、域内調達率などの地域産業全体の発展および持続性を視野に入れた計画はあまり見られない。

観光関連以外の産業への経済波及

観光関連産業への経済波及効果は一定の評価を得ているが、観光関連産業以外の農林水産業や加工業への経済波及効果については低い評価にとど

観光計画策定の際の委員会等は、どのようなメンバーで構成されていましたか？

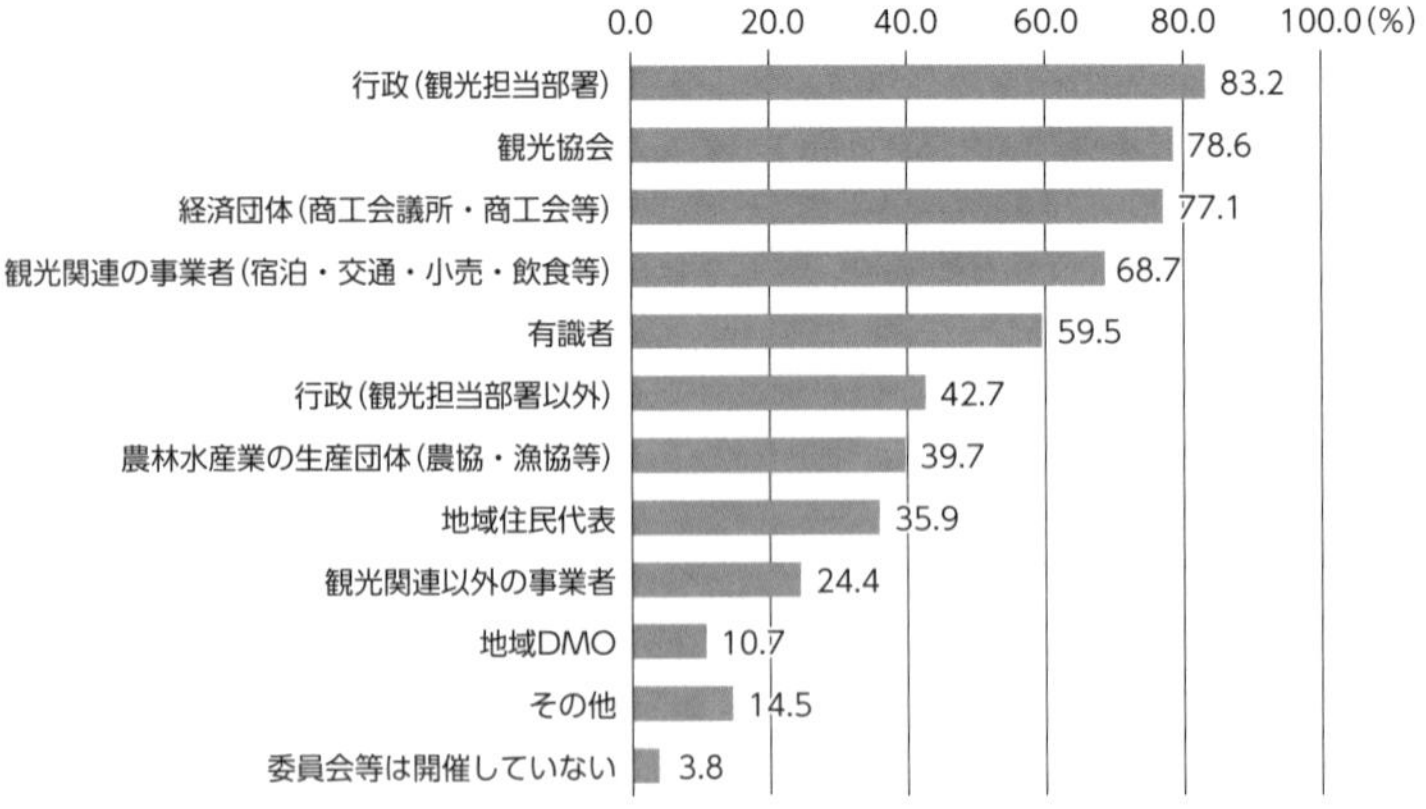

出典：全国市町村観光計画調査（JTB総合研究所）

観光計画に掲げた「数値目標」には、どのようなものがありますか？（n＝131）

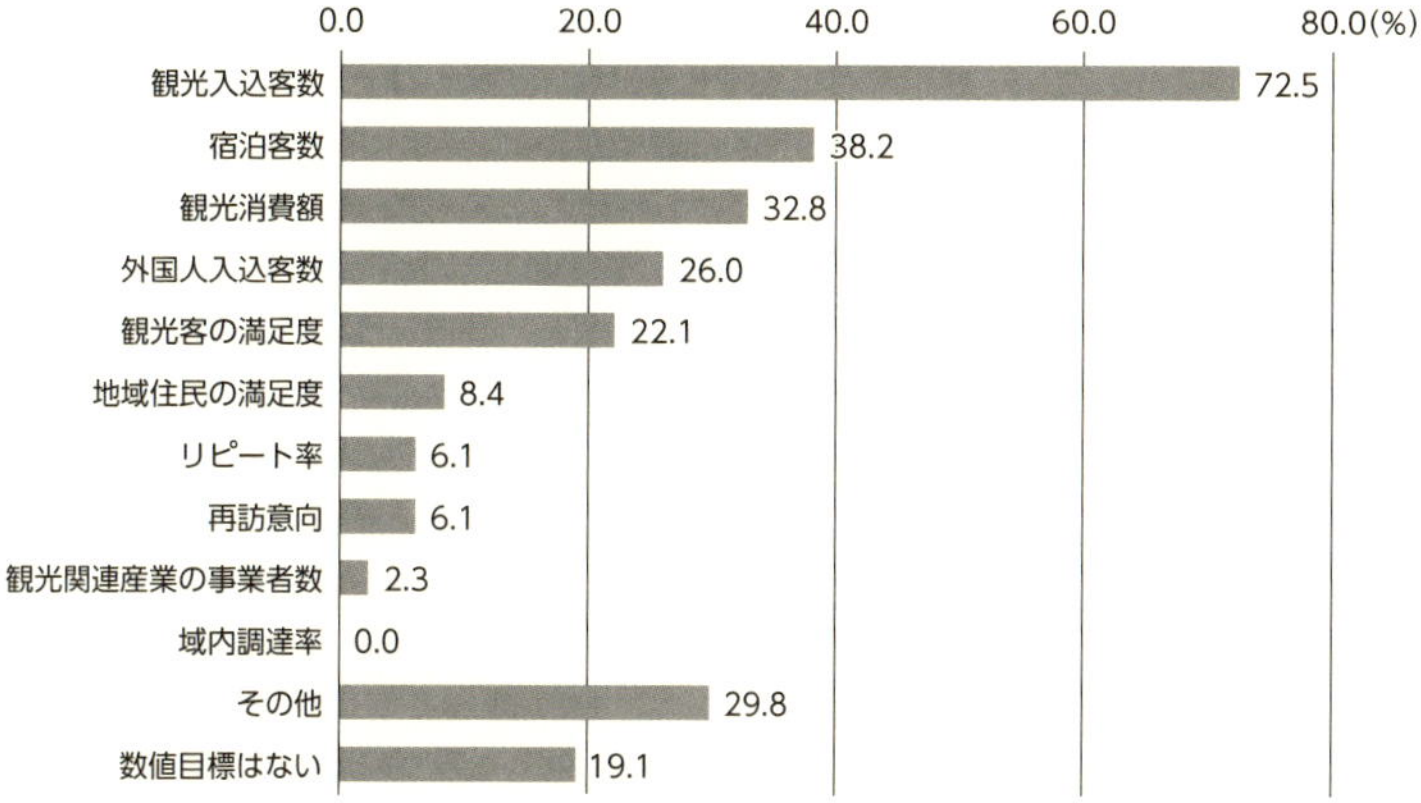

観光計画推進による地域の観光産業への経済波及効果について、現時点ではどのように評価されますか？

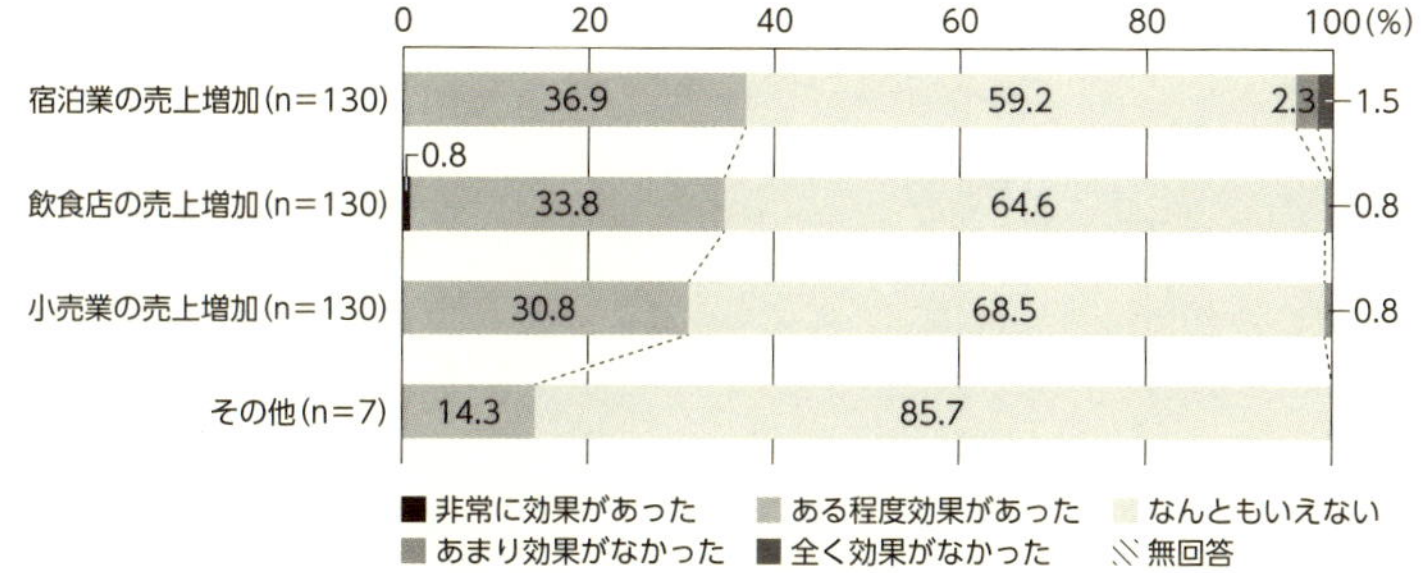

出典：全国市町村観光計画調査（JTB 総合研究所）

まっている。

観光計画が目指すべき方向性と視点

現在の観光計画は観光客のニーズに対応することを主な目的としており、地域経済全体に潤いをもたらす効果が十分に発揮できていないことが見て取れる。その結果、観光客にとっては人気の地域でさえ、地域住民の観光事業への好感度が低い数字となっている例も散見されている。これからの観光計画は観光客のニーズに対応するだけではなく、地域産業全体を育成および発展させるための視点を入れた計画であることが必要となってくる。

①地域産業育成及び発展の視点

観光振興によって、観光産業以外の地域産業

観光計画推進による地域の観光産業以外の産業への経済波及効果について、現時点ではどのように評価されますか？

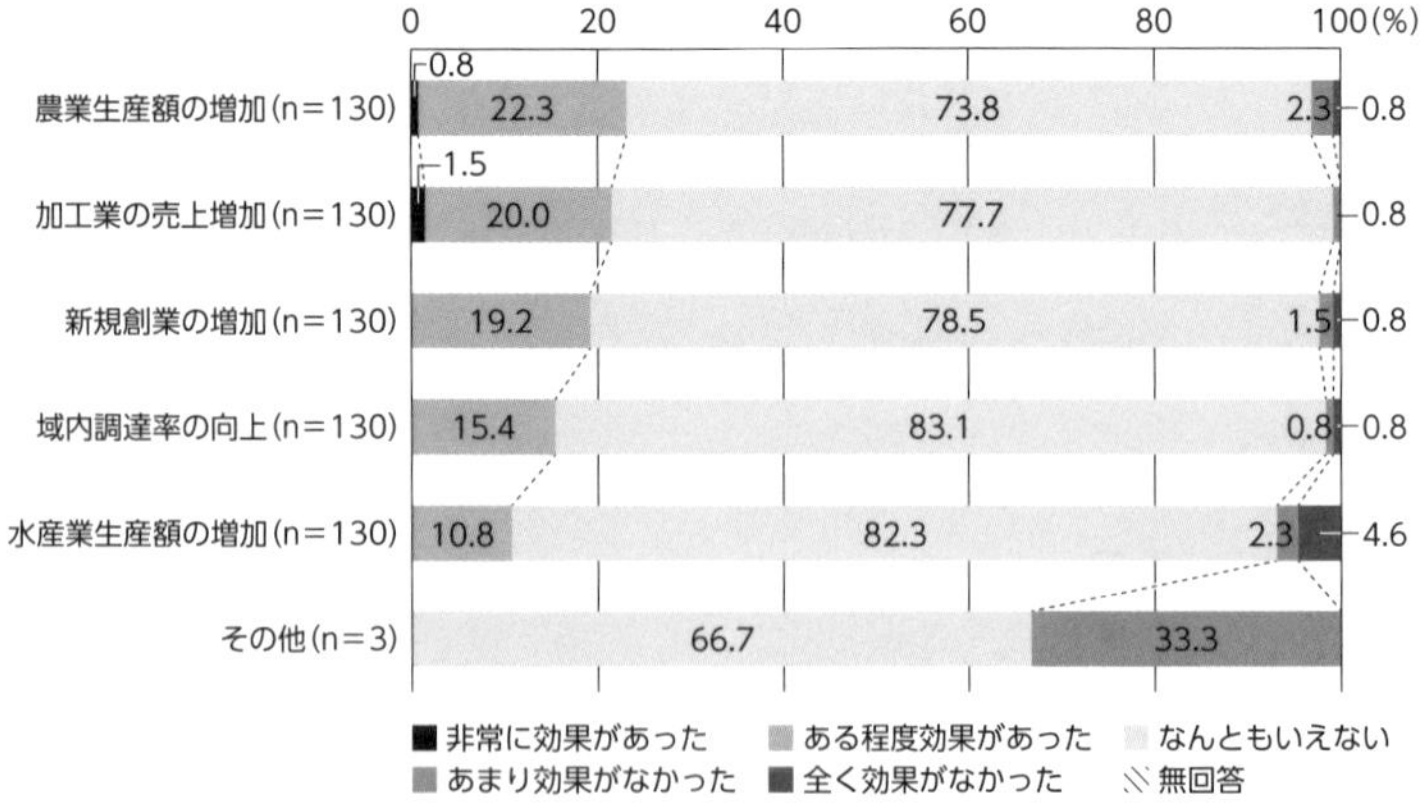

出典：全国市町村観光計画調査（JTB 総合研究所）

（地元資本）全体を育成および発展させることを目指す視点を取り入れる。

→地元資本による地域産業へ投資の促進

②マクロデータ活用の視点

観光計画の目標値は、各市町村が把握する過去の統計から導き出されているものが多いが、RESAS（地域経済分析システム：「産業マップ」「観光マップ」「人口マップ」「自治体比較マップ」で構成）等のビッグデータを活用することで、全国統一基準の尺度が得られることになる。

→RESAS等を活用した分析

③持続可能性の視点

観光振興の結果得られる成果は、地域経済の発展につながるだけでなく、地域住民の満足度や環境保全、海洋資源や水質保全を含むものでなくてはならない。持続可能な観光振興を目指すためにも、グローバルスタンダードの視点は不可欠である。

これまでの観光計画

観光客ニーズ対応型（やること積み上げ型）

これまでの観光計画の多くは、観光客受入に当たってなすべき事項を積み上げ、それを体系化し、観光客の満足度を向上させるという、観光客ニーズ対応型の視点で出来上がったものが多い。

これからの観光計画

将来像実現型（将来なりたい型）

これからの観光計画は、地域が将来目指すべき目標を見据え、観光振興による地域産業の育成及び発展を視野に入れたものでなくてはならない。

※筆者が作成

↓観光におけるSDGs指標の推進

最後に、新型コロナウイルスにより深刻な打撃を受けている観光産業が一日でも早く活気を取り戻し、21世紀のリーディング産業として役割を果たすために、各市町村が改めて観光計画を見直すタイミングが来ていることを伝えたい。

コロナ禍で重要性が増す観光Buy Local（2020年11月11日号）

コロナ禍におけるBuy Local

コロナ禍においてBuy Localが注目されつつある。Buy Localとは、アメリカの各地で大型スーパーが進出する際に地元商店街等がスクラムを組んで、「地元の商店で買うことが良質な商いを育て、地域の魅力を増すことにつながる」という運動を展開した際に使ったフレーズである。

和歌山商工会議所青年部は2020年3月、和歌山市の経済活性化を目的に「シフト20億円！BUY LOCALで地域内経済循環を活性化しよう！」を和歌山市長に政策提言、和歌山市民36万人が1人毎月500円を地元消費へ切り替えると、約20億円以上の経済効果が発生すると試算している。６月には「飲食店応援プロジェクト〜バイローカル運動で応援しよう！〜」を展開、クラウドファンディングで２８３万５０００円を集めて寄付金額に10％のプレミアムがついた「みらい飯」という地元飲食店の食事券を発行した。新型コロナウイルスの大打撃を受けている飲食業・小売業を中心に同様に動きが全国各地で広がっている。

ＣＳＡ（地域支援型農業）

農業ではかなり前から同様の動きが展開されている。私が不動産経済ＦＡＸ―ＬＩＮＥ２０１１年４月20日号（№.８１３）で紹介したＣＳＡがそうである。

ＣＳＡ（Community Supported Agriculture）は、地域支援型農業と訳されることが多く、特定の生産者と消費者とが農産物の売買について代金前払い契約を結ぶことを意味する。ＣＳＡに参加する消費者は、食料としての農産物だけではなく、有機農法などの農作物の栽培方法、農作物の安全性、生産者との信頼関係、地域での農業経営の継続、減農薬などの環境保全など多様な価値を認め農家を支援している。ＣＳＡの先進地はアメリカと言われているが、その原型は、１９７８年に「消費者と生産者の提携」として全世界に先駆けて普及しはじめた日本の「提携」という営農形態である。日本ではその後、生産者の後継者不足の問題などから生産と消費の不均衡が発生し進展がみられなかったが、アメリカでは地域支援型農業としてＣＳＡが発展・定着をしている。

さらに10年経った今、大型スーパーの中に当たり前のように地元農産物コーナーがあり、農産直売所は週末になると賑わいを見せている。農業においては、農業者、地元住民ともに地元消費を強く意識しており、その象徴的なシステムがＣＳＡであると言える。

今こそ観光 Buy Local が必要

では観光はどうだろうか。観光客のニーズは地元で採れたもの、地元で加工したものを消費することにあるはずである。その結果、観光は裾野が広い産業として地域の中小企業や第一次産業に経済的なメリットをもたらし、地元住民の生活を豊かにする。これは観光立国基本計画の基本方針の「観光が日本経済を牽引し、地域を再生する」「高度人材を観光産業に惹きつけ」「広く観光旅行者を呼び込み、地域の経済を潤し、再生させ、ひいては住民にとって誇りと愛着の持てる、活力にあふれた地域社会を築いていく」と同じ方向性を示すものである。

しかしながら現状は必ずしも理想通りに進んでいない。観光客が急増している地域は、観光客の需要に地元供給力が追いついておらず、地域外や海外から食材や商品を仕入れて販売しているケースの方が圧倒的に多い。急増期にはやむを得ない対処法ではあるが、長期的視点で考えると、地元を豊かにするためには、地元供給力の不足に対して地元資本による投資を行い、観光客の消費が地元で循環するように地域エコシステムを構築するべきである。そのための第一歩は観光 Buy Local であり、それらをより効果的に行うために域内調達率を高めることが必要である。さらに踏み込んで言うと、観光客が増加している地域において、最も効果的な経済政策は域内循環率を高めることであり、そのためには域内事業者マッチングイベントなどを実施するとよい。宮古島では、地元で水揚げされるマグロ&カツオの域内調達率向上のために、急速冷凍設備を保有する伊良部漁業協同組合と宮古島内のホテル・飲食店の料理人との域内マッチング（試食会）を行った。その結果、急速冷凍マグロ&カツオの新たな流通がスタート、天候不良等による供給不足を解消するとともに獲れる時に獲ることにより漁師の所得向上の道筋が拓けてきた。地元の事業者同士がお互いに原材料購入等で支えあってこそ観光の効果が最大化するのである。

コロナ禍において観光が低迷する今こそ、観光産業は国の施策を待ち続けるだけではなく、観光ビジネスの質を上げるためにも観光 Buy Local を推進して、域内調達率を高め、本来あるべき姿の地域エコシステムを構築するべきである。

観光白書から読み解くコロナ禍における観光の現状（2021年9月8日号）

コロナ禍における世界の観光

今年6月15日に発表された政府の観光白書では、コロナ禍における世界および日本の観光の現状が明らかになった。２０１９年に14億６６００万人と過去最高であった国際観光客数は２０２０年には３億９４００万人と、10億７２００万人マイナスになっている。世界の実質ＧＤＰとパラレルに伸びてきた国際観光客数は、２０２０年は実質ＧＤＰのマイナス幅を大きく下回る結果となっている。世界のＧＤＰに占める観光シェアが約10・４％から約５・５％に半減、観光市場の損失額は約１３９兆円、６２００万人近く（約18・５％）の雇用が失われている。

コロナ禍における日本の観光

日本では、過去最高の３１８８万人を記録した２０１９

国際観光客数と世界の実質 GDP の推移

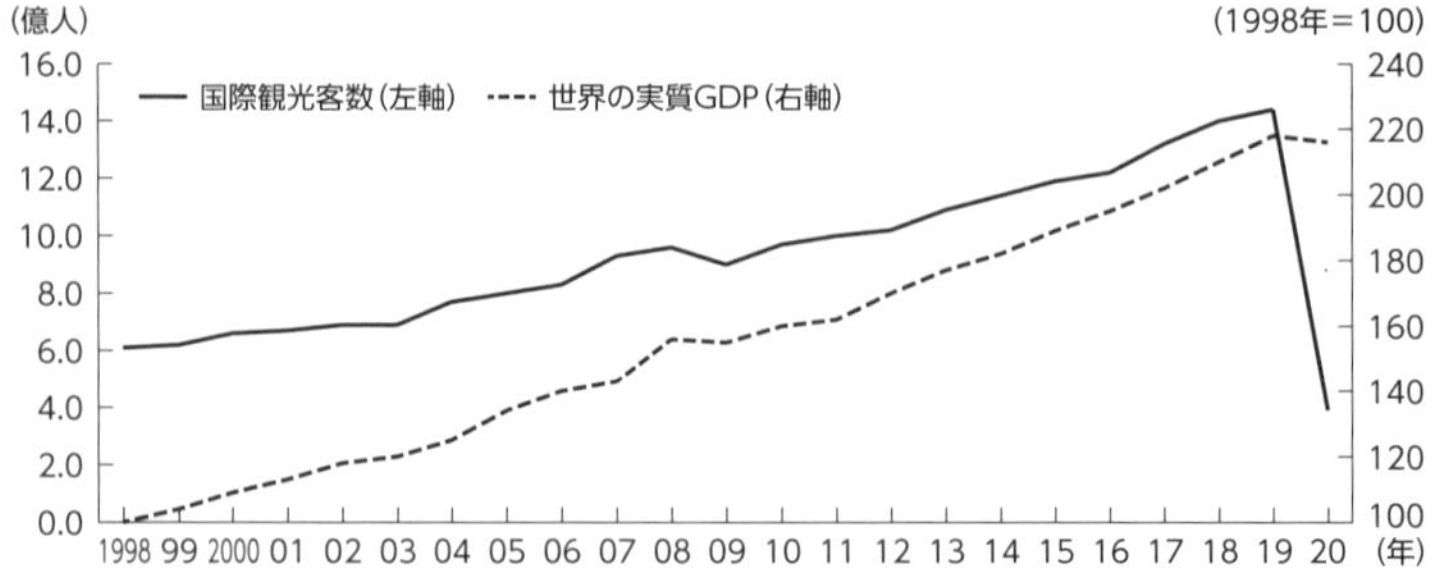

出典：観光庁資料をもとに筆者が作成

年の訪日外国人旅行者数が急落、２０２０年は４１２万人となっている。この数字は観光立国元年とも言えるビジットキャンペーンがスタートした２００３年の５２１万人を大きく下回る結果だ。世界の国際観光客全体と減少率を比較すると、訪日旅行者数の方が10ポイント以上大きな下落となっており、日本の観光市場はさらに深刻な事態になっていることが伺える。

　訪日外国人旅行者の減少にあわせて、訪日外国人旅行者による消費額も急落しており、２０１９年の４兆８１５３億円が２０２０年には７４４６億円まで落ち込んだ。日本国内の旅行消費額も、２０１９年の27・９兆円から２０２０年は11兆円まで減少しており、観光産業に深刻な状況をもたらしている。

　旅行消費額の減少に伴い、宿泊業の雇用状況が２０１９年の約59万人から２０２０年には約52万人まで減少、７万人の雇用が失われたことになる。雇用調整助成金等の政府

訪日外国人旅行者数の推移

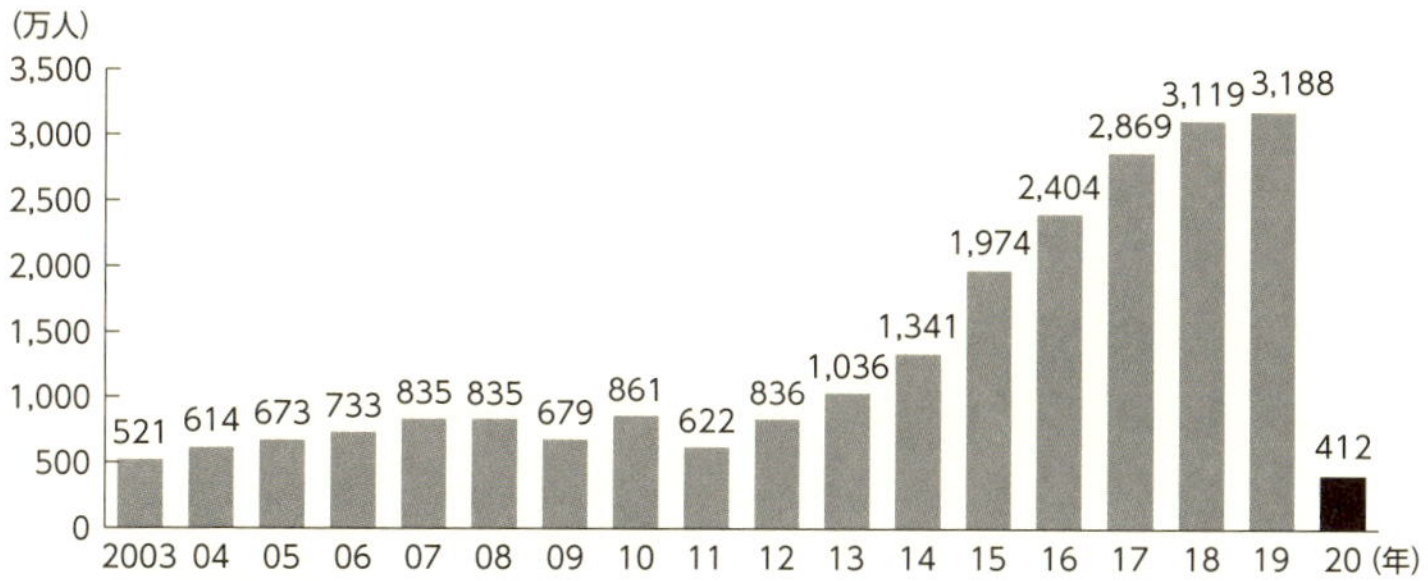

出典：観光庁資料をもとに筆者が作成

支援金の今後の状況によっては、さらなる悪化が予想される。

マイクロツーリズムの可能性

コロナ禍においては、国境のみならず県境をまたぐ旅行を避ける傾向も強くなっている。各都道府県は、都道府県内の住民を対象とした宿泊キャンペーンを積極的に推進しており、観光白書によると、2019年と2020年の7〜12月期の比較では近隣地域内での観光（いわゆるマイクロツーリズム）を含む都道府県内旅行の割合が24・8％から31・8％に増加、宿泊数別構成比では1泊の割合が増加している。同行者については夫婦・パートナーの割合が増加する一方、友人の割合が減少、旅行形態では個人旅行の割合が増加している。

マイクロツーリズムは個人旅行のみならず、修学旅行にも見られる。宮古島では通常は島外へ行く修学旅行を島内にて実施した。生徒は地域住民が宿泊することがない島内のリ

年	訪日外国人旅行消費額
2012年（平成24年）	1兆846億円
2013年（平成25年）	1兆4,167億円
2014年（平成26年）	2兆278億円
2015年（平成27年）	3兆4,771億円
2016年（平成28年）	3兆7,476億円
2017年（平成29年）	4兆4,162億円
2018年（平成30年）	4兆5,189億円
2019年（令和元年）	4兆8,135億円
2020年（令和2年）	**7,446億円**

出典：観光庁資料をもとに筆者が作成

ゾートホテルに宿泊し、かつお節工場の見学等の地元体験プログラムを経験している。修学旅行のマイクロツーリズム化は、生徒たちに地元の良さを再認識する機会をもたらしている。

　コロナ禍における苦肉の策でもあったマイクロツーリズムが観光市場に定着拡大するかどうかは未知数ではあるが、新たな可能性を感じずにはいられない。

今後の観光市場への期待

　観光白書では、観光市場の回復について明言はしていないものの、世界の航空旅客輸送の見通しとして、ＩＡＴＡ（国際航空運送協会）のデータを挙げている。ＩＡＴＡは、２０２２年には２０１９年比で約88％、２０２３年には２０１９年比で１０５％まで回復すると予測しており、コロナ禍における観光市場の低迷は３年程度で終息するとしている。

日本国内における旅行消費額（2019年）

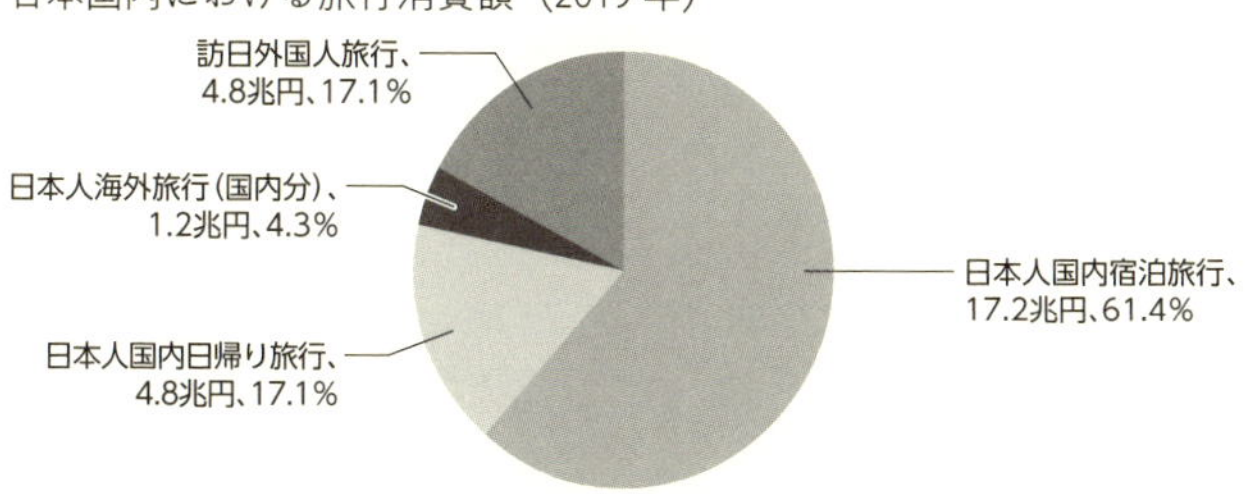

出典：観光庁資料をもとに筆者が作成

デルタ株等の不確定要素が高まる中で、やや楽観的な予測とも言えるが、コロナ克服後の世界の経済成長に歩調をあわせて、観光市場が復活する日も遠くないはずである。マイクロツーリズム、オンライン観光などコロナ禍において誕生した新たな分野が一過性のものとして終わるのではなく、観光市場に定着し、多様化をもたらすことを期待したい。

本土復帰50周年、持続可能な観光となった闘牛文化（2022年5月18日号）

コロナのまん延防止措置が明け、全国各地で大きな人の流れが起こっているゴールデンウィーク最中の5月7日（土）に、沖縄本土復帰50周年記念大闘牛大会が沖縄県うるま市石川多目的ドーム（通称：闘牛ドーム）で行われた。当日は、東京五輪空手男子型金メダリストの喜友名諒選手の型演武もあり、満員の大観衆は闘牛文化を十分に満喫した。

遡ること50年前、沖縄本土復帰を記念して行われた全日本

日本国内における旅行消費額（2020年）

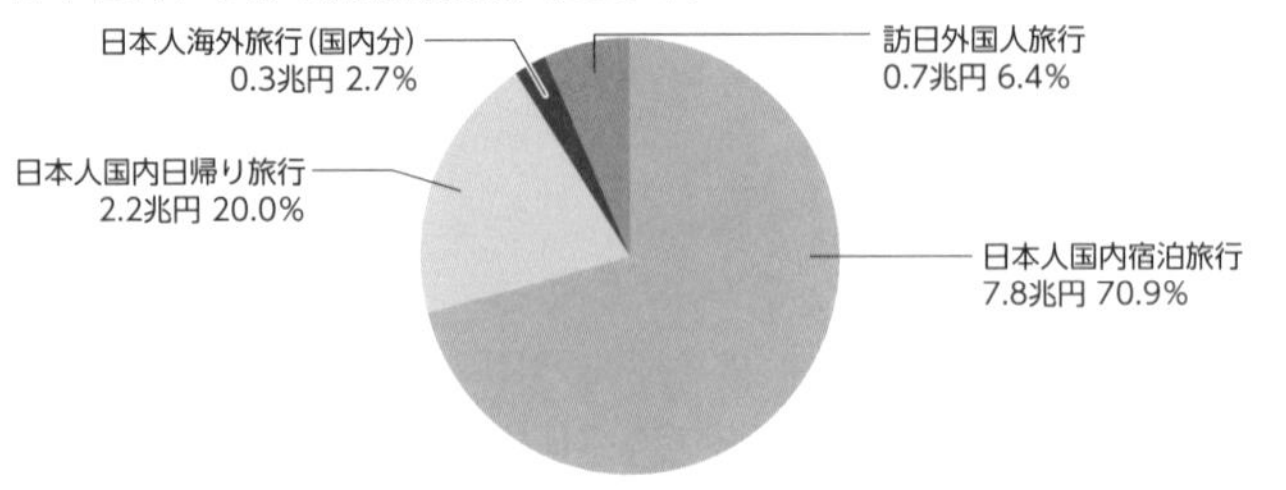

出典：観光庁資料をもとに筆者が作成

闘牛大会でも闘牛文化は満員の大観衆を集めている。

沖縄復帰記念闘牛大会～１９７２年

１９７２年12月３日（土）、４日（日）にコザ市営沖縄観光闘牛場で全日本闘牛大会が行われた。当日の観客数などの詳細資料は持ち得ていないが、パンフレットに掲載された屋良朝苗沖縄県知事（当時）の祝辞には、沖縄の闘牛は農閑期の農村娯楽であったこと、戦後の混乱期に一時期衰退したが関係者の尽力により中部地区を中心に発展しつつあること、観光産業は平和産業として基地経済を脱却する重要な産業であること、そのためには先祖から受け継いだ沖縄闘牛の観光への寄与を期待していることなどが述べられている。これらの考えは現在の沖縄観光にも引き継がれており、当時の本土復帰の高揚感や観光に対する期待を、闘牛大会を通じて感じ取ることができる。

その後の観光政策の順調な推進とともに、沖縄には大型ホテルや観光施設が建設され、観光客の人気の観光地になるとともに、集落単位であった闘牛場が減少するという思わぬ結果を招いてしまった。

闘牛文化リマスタープロジェクト

下降気味であった闘牛文化に対して、うるま市商工会が中心となり2015年に闘牛文化リマスタープロジェクトがスタートした。首都圏住民へのマーケティング調査の結果、消費者に一定量の闘牛文化に関する情報を与えることで、無関心層が関心層に変化することがわかり、関係者一丸となった取り組みが始まった。プロジェクトスタート前から行われていた闘牛アナウンサー・伊波大志氏や闘牛女子・久高幸枝氏（故人）をはじめとする若手の積極的な活動もさらに加速、沖縄の新たな観光交流モデルとして闘牛文化への注目が徐々に高まっていった。ここ数年はツーリズムEXPOジャパンの沖縄県ブースの常連となっており、沖縄観光の新しい顔として存在感が増している。

農村から生まれた娯楽である闘牛文化を地域関係者がリマスターすることにより、新たな人の流れを創出、その結果沖縄の農村文化でもある闘牛文化が再び上昇気流に乗り、趣味から文化へ、文化から産業へ基盤が拡大することとなった。

〈プロジェクト開始時点の課題〉

- 過去20年間で闘牛の飼育頭数が半減、これにより闘牛大会が大幅に減少
- 大会開催数の減少により闘牛牛舎の経営が厳しくなり、共同オーナーが増加

・集落単位で存在した闘牛場が減少
・テレビ番組「闘牛アワー」、「ゆかり号41連勝」など沖縄県民を熱中させた闘牛文化の集客力が低下

〈プロジェクト終了時点の成果〉
・会社の設立（ワイドー ａｉプロジェクト株式会社）
・通り会（商店街）の復活
・闘牛戦士ワイドーのテレビ放映（２０１８年４月～）
・旅行商品および修学旅行の誘致実現
・闘牛関連商品の開発販売
・恩納村ホテルによるオプショナルツアーの実現
・企業冠闘牛大会の実施
・BULL TUBE の配信
・闘牛女子の映画化
・闘牛の街宣言およびうるま市の文化遺産登録
・地域関係者の意識高揚

沖縄本土復帰50周年記念　大闘牛大会～２０２２年

国連世界観光機関（ＵＮＷＴＯ）は、観光と持続可能な開発目標（ＳＤＧｓ）の設定を推進、グローバル・サステナブル・ツーリズム協議会（Global Sustainable Tourism Council：GSTC）が持続可能な観光の推進と持続可能な観光の国際基準をつくっている。

闘牛文化の保全は、「セクションＣ：文化的サステナビリティの文化遺産の保護」に該当する。５月７日に行われた沖縄本土復帰50周年大闘牛大会は、多くの人々に熱狂をもたらし、この瞬間に沖縄の持続可能な観光の象徴となったと言っても過言ではない。少子高齢化の進行とともに地域の伝統文化の維持が難しくなっており、惜しまれながら消滅へと向かうものも少なくない中、多少の浮き沈みはありながらも闘牛文化は持続可能な観光として時代に取り残されることなく着実に歩みを進めている。

50年先の沖縄本土復帰１００周年記

＊沖縄本土復帰記念大闘牛大会パンフレット

念でも、沖縄を代表する地域文化として、大観衆を集めた闘牛大会が開催されていることを確信するゴールデンウイークとなった。

漁港エリアのFUTURE VISION（2022年12月14日号）

新たな水産基本計画（2022年3月）では海業の振興がうたわれており、その中核をなすのが漁港エリアであることは言うまでもない。地域によっては寂れてしまっている漁港エリアをどのように活性化するのか、海洋国家でもある日本の力が試されている。

北海道日本ハムファイターズが目指すボールパーク

北海道日本ハムファイターズは2023年シーズンより本拠地を札幌ドームから北広島市に移転、世界がまだ見ぬボールパーク「Fビレッジ（エスコンフィールド）」が誕生する。Fビレッジには野球場であるエスコンフィールドだけではなく、レジデンス、キッズエリア、FIGHTERS LEGENDS SQUARE、農園エリア、認定こども園、プライベートヴィラ、THE LODGE、F VILLAGE GARDEN、グランピング・体験型アウトドア施設、そして2024年開業予定のシニアレジデンス・メディカルモールがあり、まさにファン、パートナー、地域住民が一体となり共同創造空間づくりを実施する。

これまでの野球場はファンでなければ十分に楽しむことができなかったが、Fビレッジは父親だけが野球ファンの家族連れも、父親が野球観戦をしている間に母親や子供は農業体験や食事、ショッピングなどを楽しめるなど、野球に興味がない来場者でも充実した時間を過ごすことができる。またFビレッジは、生活者としてレジデンスで生まれ、認定こども園に通い、キッズエリアで遊び、THE LODGEでショッピングやグルメを楽しみ、病気になったらメディカルモールで診察を受け、人生の終盤ではシニアレジデンスで余生を過ごすことも可能である。

さらに北海道日本ハムファイターズは、「Fビレッジ　FUTURE VISION〜10年後、20年後〜」として、ボールパークの未来の姿をイラスト（https://www.hkdballpark.com/about/）に描いている。つまりボールパークはまちづくりそのものであり、これからも進化を続けるのである。

水産基本計画から読み取る海業の方向性

２０２２年度の水産白書では、国民１人当たりの食用魚介類の消費量は23・４kgと、この20年間で約42％減少した。その一方で「魚離れが進んでいる」と言われながらも食用魚介類の自給率は約20年前に底（２０００年53％）を打っており、２０２０年度は57％となっている。

日本では水産業は衰退産業との認識が強いが、世界の水産市場は日本とは異なる様相となっている。食用魚介類は、韓国、ノルウェー、中国、インドネシア、ＥＵ・英国、米国、ブラジル、インドなどのいわゆる主要国ほぼすべての消費量が上昇しており、世界の１人１年当たりの食用魚介類の消費量は、この50年で約2倍になっている。つまり世界の水産業が完全に成長産業でありながら、排他的経済水域が世界第6位の日本では衰退産業となっている。

新たな水産基本計画では、２０３２年度までに食用魚介類の自給率を57％から94％までアップさせる目標を立てており、初めて「海業」という文字が書かれている。水産庁の資料によれば海業とは、「漁村の人々が、海や漁村に関する地域資源の価値や魅力を活用して所得機会増大等を図る取組」となっており、さらに漁港漁場整備長期計画（２０２２年3月）では、海業の振興をはかるために漁港エリアに関連産業を集積させるための仕組みづくりをうたっている。つまりまちづくりの拠点となるのが漁港エリアであり、その魅力化なしに海業としての発展のみならず地域の活性化は見込めないのである。

漁港エリアの FUTURE VISION

２０２２年４月現在、全国には第１〜第４種を合わせ２７８０カか所の漁港があるが、水揚および漁船の数は減少、賑わいは過去のものとなっている。水産業が成長産業であった時代には、漁港は水揚の拠点として、競りを行う場所であり、漁船を係留する場所として特化した存在で十分であった。つまり漁港は水産業の発展のためだけに存在していたと言っても過言ではない。

水産業から海業へと重点がシフトする中で、既存の漁港では来訪者は海業を十分に楽しめない。水産庁が作成した海業に関する資料には、道の駅や飲食店、土産店、遊覧船、体験プログラムなどが描かれており産業集積の方向性を読み取ることができるが、この範囲の取り組みはすでに全国各地で行われており、まだ見ぬ漁港エリアの誕生とは言い難い。海業の振興拠点である漁港エリアは、来訪者の消費を促す場であるとともに地域住民にとっては生活の場として、Ｆビレッジ同様に共同創造空間へと進化する必要がある。

例えば、漁港エリアに子供の空間である認定こども園や学童保育所があってもよい。また病院はもちろんだが高齢者福祉施設があってもよい。来訪者向けには次世代型宿泊施設として、かつお一本釣り漁船をホテルにして、一本釣りのバーチャル体験はもちろん、漁師が船上で食べているのと同じものを食べることができれば面白い。漁港の一部を釣り堀にすることで体験漁業を行える。もちろん、空き倉庫など不稼働水産施設を有効活用して魅力的なカフェやショップを誘致することで水産業に興味がない来訪者も海業を楽しめる。

このように固定概念を払拭すれば、漁港エリアを魅力化するための方策はいくらでもある。世界がまだ見ぬボールパークとして北海道日本ハムファイターズがＦビレッジのFUTURE VISIONを描いているように、まだ見ぬ漁港エリアのFUTURE VISIONをどのように描いていくか、海洋国家でもある日本の英知を結集する時が来ている。

第4次観光立国推進基本計画を考える（2023年7月19日号）

２０２０年3月に第3次観光立国推進基本計画の計画期間が終了、その後新型コロナにより空白期間が2年続いたが、２０２３年3月に第4次観光立国推進基本計画が策定された。貿易収支の赤字額が拡大する中で、訪日外国人旅行者による消費の重要性がさらに増しており、新たな計画からも観光産業を稼げる産業として飛躍させる強い意志を感じ取ることができる。その一方で円安がさらに進んでおり、日本円での稼ぐ額については再考を検討する必要があると考えている。

第3次観光立国推進基本計画の達成度

２０２０年に発生した新型コロナによる減速があった影響もあり、２０１７年に策定した第３次観光立国推進基本計画は「日本人国内旅行消費額」以外は目標に対して未達となった。特に「訪日外国人旅行消費額」及び「地方部での外国人延べ宿泊者数」は目標に対して約60％と大幅未達となっている。「訪日外国人旅行者数」を最重要目標とするあまり、ビザの緩和等で所得が決して高くない層がＬＣＣ等により日本を訪れた結果、旅行者数は伸びを示した一方で、１人当たりの消費額を下振れさせる要因ともなった。

第4次観光立国推進基本計画の全体像

新たに策定された第４次観光立国推進基本計画では、持続可能な観光地域づくりを一丁目一番地とし、「持続可能な観光地域づくり戦略」「インバウンド回復戦略」「国内交流拡大戦略」の３つの基本的な方針で構成されている。

持続可能な観光地域づくり戦略では「地域社会・経済に好循環を生む仕組みづくりを推進」「観光産業の収益力・生産性の向上及び従事者の待遇改善」「地域住民の理解を得ながら地域の自然文化の保全と観光の両立」を基本的な方針として掲げ、インバウンド回復戦略では「消費額５兆円の早期達成に向けた施策の総動員」「消費額拡大・地方誘客促進の重視」「アウトバウンド復活との相乗効果」、そして国内交流拡大戦略では「国内旅行の実施率向上及び滞在長期化」「旅行需要の平準化と関係人口の拡大につながる新たな交流需要の開拓」を掲げている。

さらに、この３つの基本的な方針のもとに、８つの主要な目標を掲げている。その中でも前計画で大幅未達となった訪日外国人旅行者消費額及び地方部での外国人延べ宿泊数を、よりわかりやすく訪日外国人旅行消費単価及び訪日外国人旅行者一人当たり地方部宿泊数と一人当たりでの目標設定としている。

経常収支の黒字を支える旅行収支

５月に財務省が発表した２０２２年度の国際収支では経常収支が９兆２２５６億円（前年度比45・８％）と、２００８年度のリーマンショックに次ぐ大幅な減少額となった。またエネルギーの高騰や円安などの要素もあり、貿易収支の赤字

第３次観光立国推進基本計画目標達成状況

	2019 年実績	2020 年目標	達成率
日本人国内旅行消費額	21.9 兆円	21 兆円	104%
訪日外国人旅行者数	3,188 万人	4,000 万人	79%
外国人リピーター数	2,047 万人	2,400 万人	85%
訪日外国人旅行消費額	4.8 兆円	8 兆円	**60%**
地方部での外国人延べ宿泊者数	4,309 万人泊	7,000 万人泊	**61%**

出典：観光庁資料をもとに筆者が作成

は過去最大の18兆６０２億円となっている。貿易立国・日本として海外から安く原材料を調達して、技術力を使って加工、十分な利益を確保して海外の売るというビジネスモデルで外貨を稼ぐことが難しくなっており、長引くロシアによるウクライナ侵略を考えると急激な回復は望めそうもない。

　貿易収支の悪化に伴い経常収支の黒字が減少する中で、日本企業の海外関連会社からの配当を示す第一次所得収支は35兆５５９１億円（22・６％増）の黒字、旅行収支は１兆４３０３億円の黒字（前年度６・８倍）と大きな伸びを示している。２０２３年度に入って訪日外国人旅行者数が前年比20倍以上と急激に回

持続可能な観光地域づくり戦略

■観光振興が**地域社会・経済に好循環**を生む仕組みづくりを推進する

■観光産業の**収益力・生産性を向上**させ、**従事者の待遇改善**にもつなげる
（「稼げる産業・稼げる地域」）

■**地域住民の理解**も得ながら、地域の**自然、文化の保全と観光を両立**させる
（「住んでよし、訪れてよし」）

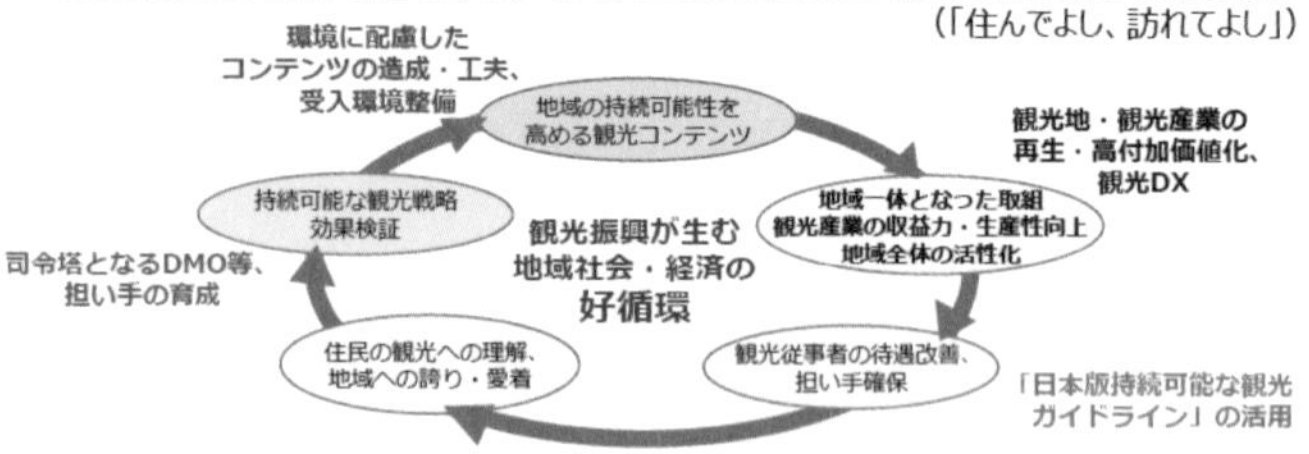

インバウンド回復戦略

■**消費額５兆円の早期達成**に向けて、施策を総動員する

■**消費額拡大・地方誘客促進を重視**する

■**アウトバウンド復活**との相乗効果を目指す

国内交流拡大戦略

■国内旅行の**実施率向上、滞在長期化**を目指す

■旅行需要の平準化と関係人口の拡大につながる**新たな交流需要の開拓**を図る

出典：観光庁資料

復、第４次観光立国推進基本計画で目標に掲げている稼げる産業としての力が急速に回復していることを示している。

訪日外国人旅行者サイドから見た観光消費

先程述べたように第４次観光立国推進基本計画では、訪日外国人旅行者の消費額を一人当たりで目標設定している。ここで言う消費額に関して日本サイドと訪日外国人旅行者サイドで１８０度異なる見方となっている。２０１９年は1ドル＝約１０９円、一人当たりのドルベースの消費額は約１４５８ドル（15万９０００円）、２０２５年の目標値は日本円で20万円、１ドル＝約１４２円で換算すると１４０８ドルとなり、２０１９年比96・6％とむしろ減少している。日本サイドでは一人当たり25％の消費額アップを掲げながらも訪日外国人旅行者の立場から見ると、むしろ今までより安い消費額で済む日本という位置づけになっており、目標設定に対する疑問が湧いてくる。

また２０２３年6月に国会に報告された観光白書では日本の観光ＧＤＰ比率はわずか２・０％と、スペイン７・３％、フランス５・３％、ドイツ４・０％、アメリカ２・９％に後れを取っており、日本を除くＧ７平均４・０％の半分という低水準にとどまっている。ＧＤＰはドルベースでの算出が基本となっており、稼ぐ力の実態がより正確に見えてくる。

訪日外国人旅行者数が過去最高となった２０１９年より大幅な円安となっていることは、強力な追い風となる一方で、一人当たり消費額を目標設定としている以上は、基軸通貨であるドルベースの一人当たり消費額を参考にしつつ、単なる円安での目標達成か、実態を伴った一人当たりの消費額アップによる目標達成なのかを見極めつつ第４次観光立国推進基本計画をマネジメントしていく必要があると考えている。

人口ビジョン2100から読み解く観光産業の未来（2024年5月15日号）

インバウンド観光が急回復している。貿易赤字が常態化する中で、インバウンド消費の増加による旅行収支の黒字化は外貨獲得の貴重な手段となっている。その一方で、人口戦略会議が提言した２１００年時点で

第 4 次観光立国推進基本計画 2025 年目標

地域づくりの体制整備	持続可能な観光地域づくりに取り組む地域数	100 地域
インバウンド回復	訪日外国人旅行消費額単価	20 万円／人
	訪日外国人旅行者一人当たり地方部宿泊数	2 泊
	訪日外国人旅行者数	3,188 万人
	日本人の海外旅行者数	2,008 万人
	国際会議の開催件数割合	アジア最大・3 割以上
国内交流拡大	日本人の地方部延べ宿泊者数	3.2 億人泊
	国内旅行消費額	22 兆円

出典：観光庁資料をもとに筆者が作成

の8000万人国家ではマンパワーに依存する観光産業は存続できるのか？　2100年を見据えて考察してみたい。

人口ビジョン2100から見えること

2024年1月、有識者らで構成される民間の人口戦略会議（議長：三村明夫日本製鉄株式会社名誉会長）が発表した「人口ビジョン2100」では、このままのペースが続くと総人口が年間100万人ずつ減少し、2100年には6300万人まで減少すると述べている。出生率は過去最低の1・26、年間出生数も77万人まで低下、少子化の流れに全く歯止めがかかっていないとしている。

これらを踏まえて、国民への十分な情報共有をはかってこなかったこと、若者、特に女性の意識や実態を重視し、政策に反映させるという姿勢が十分でなかったこと、現世代には社会を将来世代に継承する責任があることを3つの基本的な課題として掲げており、2100年を視野に据えて、安定的で成長力のある8000万人国家を目指すことを提言している。

また人口戦略会議は4月には2020年から2050年の30年間で、全国の市区町村の40％を超える744自治体が消滅する可能性があると発表している。これは2014年に日本創生会議（座長：増田寛也・元総務相（現・日本郵政社長））が発表した2010年から2040年の間に896自治体が消滅する可能性があると発表した衝撃の内容がより現実的になりつつあることを示している。

インバウンド観光の回復

2023年はインバウンド観光客が2507万人まで回復、2024年に入りさらに加速しており、4月17日に日本政府観光局（JNTO）が発表した1〜3月期の累計数字は2019年同時期の805万人を上回る859万人となっている。しかも3月単月では過去最高の308万人となり勢いが止まる気配がない。

インバウンド観光消費額も円安の追い風もあり、2019年1〜3月期の1兆1517億円を大きく上回る1兆7505億円に達している。このペースが続くと、インバウンド観光客の2019年超えは確実であり、観光消費額も6兆円前後まで達することが予想できる。ただし2019年は1ドル＝約108円、2024年は約150円ということを考えると、ドルベースに換算すると観光消費額が伸びたかどうかの判断は難しいところでもある。

人材不足をより深刻化するオーバーツーリズム

インバウンド観光客の急回復もあって、オーバーツーリズムへの対応が緊急の課題となっている。オーバーツーリズムには、交通渋滞、ゴミ捨て、施設の混雑などさまざまな現象が挙げられるが、人材不足によるサービス需要に対する供給体制の脆弱性が最も深刻な課題となっている。コロナを機に観光産業から離職した人材の戻りも悪く、全産業の平均を大きく下回る宿泊産業の平均賃金も原因となって供給人材の確保が厳しい状況となっている。加えて人気のディスティネーションでもある京都市、宮古島市などでは宿泊施設の新規建設が続いており人材不足がより深刻化、サービスレベル維持のために予断を許さない状況となっている。

8000万人国家における観光産業

人口戦略会議では2100年に8000万人国家を目指し、それに合致した社会インフラの再構築をするべきと主張している。AI等の科学技術の進歩があるとはいえ、サービスの根幹をマンパワーに依存する観光産業において、現在の2/3の人口になった日本で供給人材が確保できるかは非常に不安である。観光産業が繁栄を維持するためには、他産業からの労働移入が大前提であり、そのためにはAI等の科学技術活用をさらに進め、生産性向上による賃金上昇が不可欠である。全産業平均から大きくかけ離れた宿泊産業の賃金格差が縮まらなければ労働流出が起こり、現在の観光産業規模から縮小することも予想される。宿泊施設のうち旅館などのマンパワーが必要な施設は８０００万人国家では極めて厳しい状況になることが予想される。

また旅行会社などのエージェントも十分な付加価値を生み出すことができなければその存在意義が大きく揺らぐことが考えられる。２１００年に向け、効率化により生産性向上が実現し生き残る業種と付加価値の創出が難しくなり淘汰される業種と観光産業内でゆっくりと選別が進むのではないかと考えている。あわせて社会全体としても生産性が低い産業からより生産性が高い産業へ労働力の再配置が徐々に進むことは日本経済を強固にするためには必要なことである。

２０２２年度名目賃金は宿泊・飲食サービス業で８・９％増加しており、全産業で最も高い伸び率を示した。２０２３年度の消費者物価指数の宿泊料金は25・５％も上昇しており、従業員の賃金上昇のための原資確保はできたはずである。まずは5月下旬に厚生労働省から発表される２０２３年度の宿泊・飲食サービス業の名目賃金がどこまで上昇しているか注目したい。

あとがき

本書を出版するにあたって多くの関係者にお礼を述べたい。第1章で対談を受けていただいた伊波大志氏には本書の闘牛文化に関する監修をお願いした。合同会社マーケティング・サポート・金沢英明代表には本書出版にあたってのサポートをしていただいた。

また2014年から3年間実施した闘牛文化リマスタープロジェクトでは、伊波大志氏をはじめ当時のうるま市商工会の新垣壮大会長、比嘉秀仁事務局長、古謝スマ江経営指導員、瑞慶山淳子氏、そして残念ながらお亡くなりになった久高幸枝氏など地域関係者の皆様、アドバイザーメンバーの株式会社TAISHI・菅野剛社長、株式会社JTB総合研究所・倉谷裕主任研究員、茨城県庁から研修で出向していた吉村徳博氏など多くの方々との切磋琢磨した日々があってこそ本書をまとめることが出来た次第である。

心より感謝を申し上げて本書の締めとしたい。

2024年8月

篠崎　宏

観光をわかりやすく考察する

闘牛文化で紐解く無関心層を関心層に変えるプロセス

2024年9月6日　初版第1刷発行

著　　者　篠﨑　宏

発 行 所　株式会社共同文化社

〒060-0033　札幌市中央区北3条東5丁目
Tel 011-251-8078　Fax 011-232-8228
E-mail info@kyodo-bunkasha.net
URL https://www.kyodo-bunkasha.net/

印刷・製本　株式会社アイワード

ISBN 978-4-87739-411-0